實戰智慧館 495

趨勢投資高手的
88堂台股必修課

從觀念到分析，從選股術到心理戰，帶你買進利多大未來

胡毓棠 著

練就高手才有的空間概念

游庭皓（《經濟日報》專欄作家）

在古代，通常一本書是沒有推薦文這個版面的。洛陽紙貴，連作者自己寫稿都不敢冗，言簡意賅是必要的。現在能夠在書前段塞一段序，又是為自己的前輩推薦，是本人莫大榮幸。

我跟胡老師認識很久了，也在同家公司工作過，時常一起上節目、互相交流。他曾經教導過我，衡量一件事有多值得去做，在於這件事能夠為自己帶來多少價值，以及能夠為他人帶來多少價值。

如果一件事能夠為自己帶來100％的價值，同時又能為他人帶來80％的價值，那麼這件事就有90％值得去做。胡老師這本著作，完全達到這項原則。

我自己也出過書，出書最大的好處不僅是造福他人，也是對自身思想的重新梳理。胡老師在開篇便定義了短期投資者與長期投資者的區別，方便投資人分辨自身的投資策略，也分享自身的投資思想。

我在寫序的當下，全球股市正在創新高格局。許多投資朋友現在不敢追，修正了更怕會繼續往下跌。胡老師給了很好的註解，未來就是賭的，現在不敢買，走一步看一步，每天看著漲難受，最終即便真的是牛市，也活生生錯過了。

　　大多數人最終發現是牛市的時候已經是中後期，牛市基本要結束了，很多人往往在這個時間才大幅買入，最終崩盤，虧錢離場。

　　所以，要麼現在下手，要麼就別再參與。短期操作者，如果買，制訂好買入的時間、倉位、停損位置，堅定執行。並且見好就收，賺到錢就馬上離場，否則就是最後的接盤俠。

　　當然，如果進入了短期投資的策略，新聞與消息也格外重要，胡老師針對這個問題也做了解析。

　　市場的特徵就是資訊不對稱，主力知道的永遠比你多。所以，如果你要等到所有的數據和走勢都到位才做出決定，那個時候往往太遲了。所以市場上的交易，關鍵就是資訊的爭奪，你要對別人丟出來的資訊存疑，因為你拿到的可能是第三手或第四手。

　　當然，如果你跟我一樣是景氣、長期投資者，那就不必局限於短線的猜測，有些錢你賺不到，有些錢你不必去賺，有些錢不是為了賺錢。

　　新手眼裡只有漲跌，高手才有空間概念，如何從新手變高手，趕快看看這本書吧。

精進投資功力的武功祕笈

劉祝華（非凡新聞主播）

練武奇才終於出祕笈了！

怎麼可能，毓棠找我寫推薦文？肯定是為了報仇而來！多年來，我每天固定在非凡新聞盤中節目和毓棠連線，無論股市暴漲、崩跌，我都逼他要幫投資人分析盤勢，還得推薦好股票，長久以來累積了不少菜籃族鐵粉，偶爾請假還會遭客訴，這會兒換他來逼我推薦了！

顯然我占盡便宜，這本股市投資的武功祕笈研究透徹，大作自帶光芒，我只需錦上添花！

毓棠老說自己也曾是股市小白，我倒覺得他是個練武奇才。他在業界資歷不算最深，但解讀新聞條理清晰、觀點獨到，艱深的產業新聞透過他的解說，總能深入淺出、談論風生又接地氣！

一本好的理財書最重要的就是接地氣，我喜歡這本書的QA模式，88個問與答精準切中投資人的盲點，例如外資目標價

可信嗎？國安基金宣布進場就是好買點？看新聞做股票可以賺錢嗎？金融股的存股如何挑？諸如此類有關股市操作常見的疑難雜症幾乎全解惑，適合股市新手練就基本功、資深股民隨時翻閱，更有助於打通任督二脈！

在股市江湖中，武功祕笈琳瑯滿目，但將諸多心法融會貫通的寥若晨星，投資人若想精進功力，就從這本書開始吧！祝大家馳騁股市，笑傲江湖！

一本解答投資疑惑的書

華倫老師（《養對股票賺千萬》作者）

2020年，全球因為新冠疫情蔓延，造成三月股災大跌，台灣加權指數從高點暴跌30%到8,523點，卻又在年底前大漲69%，達到歷史新高的14,427點，單日成交金額也暴增到4,000億元以上。許多久未進場的股民重返股市，沒玩過股票的新鮮人也開戶進場，大家都不想錯過這場盛宴。

2020年10月26日，台股首度開放盤中零股交易，讓更多小資族都能參與台股的熱力，但這會是財富重分配的起點，還是泡沫化的開始？如果你對股票市場沒有基本的認知和態度，也沒有豐富的知識，就貿然殺進股票市場，這無疑是一場賭注。

散戶投資人若想要區分投資與投機的差別，不想淪為大戶的提款機，不論投資新手或老手，一定要收藏這本《趨勢投資高手的88堂台股必修課》，你所有的問題和疑惑都可以得到解答，華倫老師真情推薦。

將投資系統化的宏觀思維

葉芷娟（財經主持人）

　　近來朋友常開玩笑說：「這年頭，手上沒有風險性資產才是最大的風險。」眼見台股2020年漲成如此模樣，要空手者怎不心慌？但到底要如何學買股？我非常認同毓棠書裡一開始開宗明義說的，再多的紙上談兵準備，都不如你實際進場買賣，當手中有標的，你看股市的角度會截然不同，邊學習邊實戰才是真正的不二法門。

　　網路時代想學習一項新技能，一點都不缺資訊。但我看來，也因為資訊繁多，一個點與一個點的片段技巧，始終欠缺一套系統化將點與點連成線或面的宏觀思維。

　　毓棠這本《趨勢投資高手的88堂台股必修課》，即是從大家心中可能會有的88個提問出發，基本面、技術面、籌碼面、ETF投資、存股，乃至投資心理學，通通系統化地幫你解答，適合小白，也適合已經有點基礎但想讓觀念更周全的投資朋友閱讀。

讓投資之路走得更長更久更平穩

1990年，台股當時的高點12,682一直被視為難以克服的天險。相隔三十年後，就在2020年被突破了，即便處在新冠肺炎疫情肆虐的時空環境下，沒人能料到台股會有這樣大多頭的行情，我想這就是股市裡有趣的地方。

在寫這本書的同時，2020年累計證券開戶數突破了2,000萬戶，寫下近年來的罕見紀錄。當買股的全民運動風潮吹起，對於這些剛踏進股市的新手，面對茫茫股海一定有很多的疑問，像是如何增進投資功力、選股有什麼技巧，以及如何解讀財經新聞等，我想這些都是股市小白成長過程中必須學習的重要一環。唯有建立良好的基礎觀念與技巧，往後在投資路上才能事半功倍。

曾經我也是一個股市小白，在懵懵懂懂的年紀就會跟著媽媽去證券公司的營業大廳，看著滿牆的天文數字跳動著，我深深受到吸引。上了大學，為了想要投資，我瘋狂地當家教打工賺錢，但新手運沒有眷顧我，投資之路就先從賠錢開始。

永遠記得2004年的兩顆子彈，讓我所有的積蓄化為泡影的那

種心痛，但是剛開始的失敗並未打擊到我，一畢業就投身證券業，也在這個市場上看到許多成功的贏家，更讓我堅信股市是可以給人帶來財富的。隨著二十多年的投資經歷，我將每一次的失敗化為養分，從一個股市小白到能夠對自己的選股看法有一定的信心，到能夠進入投顧業用我的專業去協助投資人。

進入投顧業後，與散戶有相當頻繁的交流，我發現不論是股市新手或已有多年經驗的資深股民，對於股市投資的基本觀念仍有錯誤的認知，於是我有了起心動念想寫這本書。

這本書沒有聳動的標題告訴你如何用3萬賺到3億，或是看完書後就能找到飆股，這本書裡也沒有艱澀的專業術語和複雜的投資理論，而是用最簡單直白的語言，將我這些年的投資心得，透過由淺入深的88個問答，帶讀者從基礎觀念扎根。讀完這本書，就像上了88堂台股投資課，期望助你在未來的投資之路走得更長、更久、更平穩。

目錄

推薦文▶ 練就高手才有的空間概念／游庭皓┈┈┈2

精進投資功力的武功祕笈／劉祝華┈┈┈4

一本解答投資疑惑的書／華倫老師┈┈┈6

將投資系統化的宏觀思維／葉芷娟┈┈┈7

自　序▶ 讓投資之路走得更常更久更平穩┈┈┈8

馬步穩穩扎──萬事起頭難，建立正確投資觀

01▶ 股市小白學習投資，怎麼做最快上手？┈┈┈16

02▶ 第一次買股票應該投入多少錢？┈┈┈18

03▶ 存了本金先以一張股票為單位來買比較好嗎？┈┈┈20

04▶ 理財投資軟體和網站那麼多，哪個最好用？┈┈┈23

05▶ 不懂產業就不能投資相關公司個股？┈┈┈25

06▶ 低利率環境下，可以借錢買股嗎？┈┈┈27

07▶ 股市上萬點還能投資嗎？┈┈┈30

規則要了解──贏在起跑點，透徹台股交易重點

08▶ 短線投資和長線投資，哪一種比較好？┈┈┈34

09▶ 集中、櫃買、興櫃，三種市場有何不同？┈┈┈37

10▶ 融資買股票、融券放空是什麼？┈┈┈39

11▶ 什麼是股票借券交易？⋯⋯⋯43

12▶ 新股抽籤一定穩賺不賠？⋯⋯⋯46

13▶ 什麼是股票競拍？該怎麼參與？⋯⋯⋯49

14▶ 股票質押有什麼風險？⋯⋯⋯52

15▶ 為什麼有些股票會列為注意股、警示股或處置股？⋯⋯⋯54

16▶ 逐筆交易的掛單方式有哪些？⋯⋯⋯56

17▶ 盤中零股交易有什麼規則？⋯⋯⋯59

18▶ 參與除權息、領了股息就是賺？⋯⋯⋯62

ETF全攻略——不燒腦選股，懶人投資的好商品

19▶ ETF和一般股票有什麼不同？⋯⋯⋯66

20▶ ETF的種類繁多，各有什麼特點？⋯⋯⋯70

21▶ ETF的淨值與市價有何差別？⋯⋯⋯73

22▶ 槓桿型ETF的風險很大嗎？⋯⋯⋯75

23▶ 想要穩定配息，如何擬定債券ETF操作策略？⋯⋯⋯78

24▶ ETN是什麼？和ETF有何差別？⋯⋯⋯80

25▶ 為什麼主題型ETF的風險比較高？⋯⋯⋯82

26▶ 股票會下市，ETF也會有下市的命運嗎？⋯⋯⋯84

財報細細讀——掌握關鍵數字，揪出賺錢好公司

27▶ 企業「護城河」是什麼？⋯⋯⋯88

28▶ 財報數據都是過去式，還有參考價值嗎？⋯⋯⋯91

29▶ 上市櫃公司財報資訊有哪些？⋯⋯⋯93

30▶ 如何從現金流量表看公司營運？⋯⋯⋯95

31▶「三率」的意義是什麼？………98

32▶本益比真的愈低愈好嗎？………101

33▶為什麼有些公司的股價遠低於淨值？………103

34▶比較特殊的產業如何解讀財報重點？………105

35▶企業進行減資，對股價有影響嗎？………108

第五章 **看盤簡單學**——活用技術指標，新手也能變高手

36▶技術分析指標這麼多，哪一個最好用？………112

37▶K線怎麼判斷？………114

38▶股價底部型態有哪些特徵？………119

39▶常見的頭部型態有哪些特徵？………123

40▶如何使用KD指標找買賣點？………127

41▶如何使用MACD指標判斷多空趨勢？………130

42▶什麼是均線多頭／空頭排列？該如何判讀？………133

43▶如何使用DMI指標判斷大行情？………137

44▶如何使用RSI指標掌握背離買賣點？………139

45▶如何利用CDP指標掌握當沖買賣點？………141

第六章 **籌碼詳詳查**——參透籌碼變化，洞悉大戶資金動向

46▶三大法人是誰？………146

47▶公司內部人持股比例增加，有利股價上漲嗎？………148

48▶董監設質、解質動作，與股價有什麼關係？………151

49▶外資持續借券賣出，是股價轉弱的警訊？………153

50▶融資使用率高的個股很危險嗎？………155

51▶ 高券資比個股為何容易有軋空走勢？ ⋯⋯⋯158

52▶ ADR的漲跌會影響股價嗎？ ⋯⋯⋯160

53▶ 如何看出主力的買賣心態？ ⋯⋯⋯163

54▶ 可轉換公司債對股價有什麼影響？ ⋯⋯⋯165

第七章 **新聞密密解**——辨出真相，解讀消息面隱藏玄機

55▶ 勤看新聞，做股票就能賺錢嗎？ ⋯⋯⋯168

56▶ 國安基金宣布進場護盤，就是好買點？ ⋯⋯⋯172

57▶ 可以相信外資報告提到的目標價嗎？ ⋯⋯⋯174

58▶ MSCI指數調整，對股價有影響嗎？ ⋯⋯⋯177

59▶ 企業舉行法說會，為什麼股價會波動？ ⋯⋯⋯179

60▶ 公司宣布實施庫藏股，跟著上車一定賺嗎？ ⋯⋯⋯182

61▶ 消息面這麼多，該如何解讀？ ⋯⋯⋯185

第八章 **股票好好選**——邁向財富自由之路，操作選股不馬虎

62▶ 挑選股票也有SOP嗎？ ⋯⋯⋯188

63▶ 新台幣匯率的升貶，與股市有連動嗎？ ⋯⋯⋯191

64▶ 景氣循環股該如何操作？ ⋯⋯⋯193

65▶ 供應鏈概念股這麼多，怎麼選出好標的？ ⋯⋯⋯195

66▶ 挑選個股，產業龍頭股一定好嗎？ ⋯⋯⋯198

67▶ 站在巨人肩膀上，跟著壽險資金布局更安全？ ⋯⋯⋯200

68▶ 為什麼要作帳？如何搭上作帳行情？ ⋯⋯⋯204

69▶ 如何用生活選股法找到潛力股？ ⋯⋯⋯208

70▶ 挑選低價銅板股有什麼技巧？ ⋯⋯⋯212

第九章 **存股輕鬆學**——打敗銀行定存利率，穩定領股利

71▶ 想要存股該怎麼做？········216

72▶ 以金融股作為存股，該如何挑選？········218

73▶ 配息穩定是存股的重要條件？········221

74▶ 股價平穩的定存股該怎麼選？········224

75▶ 什麼是金字塔型存股策略？········226

76▶ ETF適合當存股標的嗎？········228

77▶ 小資族要如何存股？········231

78▶ 存股操作會因年齡而有不同？········233

第十章 **心態要健康**——戰勝貪婪與恐懼，了解投資心理與陷阱

79▶ 股票只要沒賣就是沒賠？········238

80▶ 如何克服人性弱點，嚴格執行停損？········241

81▶ 不與飆股擦身而過！如何緊抱個股賺取大波段行情？········244

82▶ 投資人一窩蜂進入股市，如何避免羊群效應？········248

83▶ 當擦鞋童效應出現時，就是股市的高點？········250

84▶ 操作高價股的風險一定比較大？········253

85▶ 投資操作不順時，怎麼調整最好？········255

86▶ 投資與投機只是一線之隔，其中界線要如何拿捏？········257

87▶ 雞蛋不要放在同一個籃子，分散投資比較穩健嗎？········259

88▶ 要成為成功的投資人，須具備什麼特質？········261

第一章

馬步穩穩扎

萬事起頭難，建立正確投資觀

01▶ 股市小白學習投資，怎麼做最快上手？

02▶ 第一次買股票應該投入多少錢？

03▶ 存了本金先以一張股票為單位來買比較好嗎？

04▶ 理財投資軟體和網站那麼多，哪個最好用？

05▶ 不懂產業就不能投資相關公司個股？

06▶ 低利率環境下，可以借錢買股嗎？

07▶ 股市上萬點還能投資嗎？

股市小白學習投資，
怎麼做最快上手？

　　在這個資訊爆炸的時代，有許多和投資有關的網站，還有非常多的財經新聞和數不盡的報章雜誌書籍，投資人往往認為，投資前一定要閱讀大量的相關資訊、做一些模擬下單練習，做好萬全準備才能真正開始投資。當然，事前做足功課是必須的，但我認為學習投資股市最有效率也最重要的方式，就是「直接買下第一張股票」。

　　就像學習游泳一樣，如果一直待在岸上要如何才學得會呢？直接下水體驗是最快的。與其在場外觀望，不如直接參與股市的漲跌，才是最有感也最直接的方式。當你手上握有股票後，自然而然就會去關心影響股價漲跌的因素，對於相關的財經消息也會更加留意，接著才能體會投資獲利的喜悅或賠錢套牢的心境。

　　但許多投資人因為害怕第一次投資就賠錢，總是過於謹慎小心，想做好周全準備再出手，卻往往錯失了很多機會。所以，投資第二重要的就是「要從虧損中學習」。如同德國股神安德烈・科斯托蘭尼（André Kostolany）一生經歷了兩次破產，才

從中學習到投資的精髓。當然，不是要大家玩到破產才能學會投資，而是遇到虧損時，更能體會到資金控管、停損執行的重要性。

　　近幾年股市大多頭，許多投資新手真的是第一次買股票就上手，可說是人人皆股神的時代。但其實這種所謂的「新手運」在之後的投資道路上，往往會因為忽略停損的重要，以及無法面對虧損時的心態整理，而遇上吞噬了所有獲利的大反撲。因此，不要因為害怕虧損而止步不前，提早面對虧損，才是投資路上更重要的事！

第一次買股票
應該投入多少錢？

　　許多社會新鮮人談到投資理財總是冷漠以對，或覺得是一件遙不可及的事，認為買股票需要一次投入大筆資金才行，結果因為本金不足而放棄理財。但如果愈不理財，財也會離你愈來愈遠。

　　我記得大學時第一次想要努力打工存錢，就是為了可以買股票投資。一旦有了開始投資的習慣和動力，存錢的速度就會倍速增長，相輔相成的結果才有可能締造資產水位的成長。就像股神華倫・巴菲特（Warren Buffett）說過：「人生就像雪球，你需要的是沾溼的雪，還有一道長長的山坡。」長長的山坡指的是我們的時間，而沾溼的雪則是投資，這告訴我們：投資要趁早，愈早開始愈好。

　　為了鼓勵剛起步的投資新鮮人能及早規畫投資理財，台灣證券交易所（以下簡稱證交所）推行了「定期定額買股」這個方案，只要在券商開戶並簽署同意書，就可以用定期定額購買個股。所以，投資股票已經不是有錢人的專利，一個月拿出數千數萬元、甚至只有1,000元，都可以參與這個證券市場的。

當你了解到投資其實隨時可以開始，那麼就現有資金來看，應該拿出多少部位來投資呢？我認為扣除生活的必須開銷後，可以將資金分成三等分，包括「定存儲蓄金」、「靈活準備金」、「投資理財基金」。定存儲備金就是以定存的方式，儲存一筆非必要絕不動用的資金；靈活準備金則是存一筆臨時性的消費資金，可能是一本書的費用或一趟旅行的旅費，讓你在存錢工作理財之餘也不忘記生活；而投資理財基金就是讓我們的雪球可以愈滾愈大的開始。

　　每個人可以根據自己對風險的承受度而有不同的投入方式。如果你是一個風險接受度極高的人，也就是無論投資標的漲跌波動都不至於影響心情或生活，甚至可以省下靈活準備金的部分來提高投資理財的比重，譬如「10％定存＋90％投資理財」；反之，如果你屬於那種賠了錢就睡不著覺、吃不下飯的投資人，就可以拉高定存的比重。

　　所以，要拿出多少錢來投資，還是得先問問自己屬於哪一類的投資人。

03

存了本金先一張股票
為單位來買比較好嗎？

　　前面提到，投資理財要愈早愈好，因此如果手上的資金還不足以買進一整張股票，用定期定額買零股也是很好的投資方式。因為既然已經決定投入股市，與其把錢存在年利率不到1%的銀行裡，待存成一筆錢再買入股票，還不如以滾雪球方式採取定期定額零股投資，讓資產積少成多，慢慢地將零股存成整張，反而能讓資金做更有效率的運用。

　　舉例來說，假設你看好目前股價為100元的個股，但手上的資金不夠10萬元可以買進一整張（1,000股）股票，而你打算每個月儲存投資理財金2萬元，至少需要五個月才能存到買一整張股票的錢。然而五個月過後，這檔股票可能已經從100元漲到150元，即使存到了10萬元，還是無法買進整張股票，同時也錯過了行情。如果一開始用零股方式買進，股價在100元時，每個月都準備2萬元以定期定額買進，預計半年後就能存到1,000股，擁有一張股票。如果股價在這段時間是上漲的，還能有高達28.19%的報酬率（參表3-A）。

表3-A 定期定額累積報酬

股價 （買進日期）	扣款金額 （元）	可買股數	損益 （元）
100（1/1）	20,000	200	10,000
105（2/1）	20,000	190	8,550
110（3/1）	20,000	181	7,240
120（4/1）	20,000	166	4,980
130（5/1）	20,000	153	3,060
150（6/1）	20,000	133	0
總和	120,000	1023	33,830

損益＝（最後一次買進股價−當次買進股價）×可買股數
報酬率＝33,830÷120,000＝28.19%

　　當然，並非所有的投資都能如預期般賺錢，相反地，如果股價從零股買進時開始走跌，由於是以每個月定期定額的方式買進，因此均價會落在平均價格的區間。

　　但這是否表示零股的效益大於整張股票？事實上，我們在買零股時要注意兩點：

第一是「**流動性**」：有些零股的流動性較差，意謂著比較少人交易買賣，相對來說就是成交難度會較高，因此在買賣上要多加留意。

第二是「**手續費**」：許多券商有最低20元手續費的限制，因此交易零股的單筆成交金額在1萬元以上，手續費會比較划算。不過因應政府推行的定期定額買股，許多券商也推出最低手續費1元的活動，如果想要買零股，跟券商約定定期定額方式是很好的選擇。

如果資金充足，建議還是以買整張股票為優先。如果資金不夠買整張股票，定期定額投資也是不錯的選擇，但千萬不要因為本金不足而放棄投資理財。

理財投資軟體和網站那麼多，哪個最好用？

「工欲善其事，必先利其器」，如果能夠有效地善用投資理財工具，必定能讓我們在投資之路事半功倍。尤其現在智慧型手機普及，有關投資理財、股市看盤等資訊的App相當多，以下是我常用的工具，希望也能對你在台股投資上有所幫助。

•**財經新聞相關App**：《經濟日報》、《工商時報》、「鉅亨網」。這些是我每天一早起來都會閱讀的App，尤其在開盤前，我一定會瀏覽一下財經重點新聞，如此便可提前掌握當日的盤面焦點產業類股狀況。而且我一定開啟通知提醒，因為有時盤中會有經濟相關新聞可能影響到盤勢變動，透過App的提醒就能及時掌握。

•**存股實用App**：「定存股：合理價與風險試算」。對於想要存股的投資人來說，這個App提供了非常完整的資訊，像是用殖利率去推算個股的合理價、便宜價和昂貴價，輕輕鬆鬆就能判斷目前關注的股票是高估還是低估。此外，App中還有台股現金殖利率的排名等相關資訊，不費吹灰之力就可以比較出

高殖利率股。

‧**交易市場即時訊息App**：「**台灣證券交易所**」、「**證券櫃檯買賣中心**」、「**台灣期貨交易所**」。這三個App都可以查詢到上市上櫃公司資訊及盤後籌碼資訊，像是每日三大法人買賣超金額、排行前幾名個股，以及大盤、個股融資券變化和期貨多空單的增減狀況。

‧**看盤好用App**：「**三竹股市**」。看盤使用介面不錯，無論盤中個股即時走勢、漲跌幅排行、技術面均線、相關指標等都有提供。如果要查詢個股的基本面數據，像是每股盈餘（EPS）、股利、營收等，也可以直接在App上取得相關資訊。

‧**籌碼選股App**：「**股市籌碼K線**」。主要追蹤主力大戶的籌碼訊息、個股成交分點進出資訊，也有條件選股和籌碼選股等實用功能。

除了上述這些App，還有一個非常重要的網站是一定要知道的，那就是「公開資訊觀測站」，裡面提供了上市櫃、興櫃公司的詳細資訊，包含歷年的財務報表、營運概況、重大訊息與公告、法說會訊息等，都會在網站上揭露，目的就是要提供完整且透明的資訊給投資大眾。

不懂產業就不能投資
相關公司個股？

　　許多人投資股市時，會從自己工作上熟悉的產業開始，例如我有個朋友在工具機產業工作，他進入股市時看好敵對公司「上銀」（2049），認為該公司前景好，也知道對方接單暢旺，因此在2009年買進上銀的股票。

　　從這幾年來看，因為熟悉產業而投入股市，的確是非常不錯的選擇，但一定就無往不利嗎？如果不懂產業，難道不能投資嗎？我覺得不盡然。

　　我常遇到投資人問：「我兒子在○○公司上班，他說最近業績很好，怎麼買的股票卻不會漲啊？」其實影響一家公司股價的因素很多，不只有基本面的好壞，短線上還要搭配籌碼面、技術面和消息面，甚至國際局勢的一動一靜都會牽動股市的變化。即便是公司員工，都不能篤定產業未來的發展前景。不過儘管熟悉產業都不一定能保證投資會賺錢，但不熟悉就投資更是不可能會賺錢。

　　因此，對有興趣投資的公司至少要有初步的認識，你需要先了解這個產業的脈絡，以及在整個景氣循環的高低位置。常常

有投資人聽到所謂的「明牌」，連公司是做什麼的都一無所知就盲從投資，這麼做很有可能「明牌」變「冥牌」。一位朋友就是因為聽信報牌而買進位在高檔的「ABC-KY」（6598），結果慘賠只能停損。如果他能夠稍加研究，就可以發現發現這家公司其實是因為新冠肺炎疫情才受到全市場的熱烈討論，進而判斷那並不是所謂的明牌，而是一支熱門股，如此在操作上就可以有所調整。

但是上市上櫃公司這麼多，產業包山包海，光是一個電子產業就細分出千百種，投資人剛開始一定看得霧煞煞，後面內容將會帶你如何認識基本的產業概況。一旦對產業基本面有初步認知後，再搭配技術面和籌碼面去尋找適合的進出場時機，這樣你在面對所謂的明牌時，就不會讓它們傻傻變「冥牌」了。

06

低利率環境下，
可以借錢買股嗎？

　　相信大家經常會接到兩種廣告電話，一種是推薦保險，另一種是銀行叫你借錢，舉凡保單、股票、房子、債券，通通可以拿來質押借貸。

　　以目前存款年利率低於1%、貸款年利率介在1.5至3%的情況下，如果拿去投資一個長線定存股，假設殖利率約有4至5%，依照資金的運用效率來看，適當地擴大財務槓桿也是可行的方式。所謂「擴大財務槓桿」，是指用信貸、融資等借錢方式進行投資，像是把房子不動產拿去銀行抵押借款的資金有1,000萬元，投入殖利率約有4%的股票，扣掉貸款利率1.5%後，每年還可以有2.5%的報酬率，等於多賺了25萬元，這就是妥善運用財務槓桿創造出來的報酬。

　　大多數人可以貸款好幾百萬甚至幾千萬元去買房，但是聽到要貸款投資股票，一般人的反應通常是直搖頭，因為以現行的台股來說，要挑一檔長線定存股且五至十年的股利收入維持在4%左右，還要保證這檔股票夠穩健而不會賺了股利卻賠了價差，實在很困難。所以如果真的要貸款投資，建議可以挑選美

國大型績優公司的債券，年利率約3至4%，因為公司債的屬性比股票穩健得多了。

在目前的低利時代，雖然貸款買股不無可能，而且或許你已經還完房貸有閒置資金，這時再用房屋抵押貸款來賺利差，在資金壓力較小的情況下，適當地利用財務槓桿來增加可運用的資金是可行的。但如果本身的資金部位較少，還是應該以自有資金進行投資，因為在選股及操作上，沒負擔的投資比較不會受到資金壓力而做出錯誤決策。

目前操作台股能夠使用的財務槓桿方式，包括「融資」、「股票質押」、「個股期貨」、「銀行信貸」和「不動產抵押」（參表6-A）。

一、融資：這種方式的便利性最高，然而負擔的利息費用也較高。

二、股票質押：利率雖然較低，但有維持率的壓力。維持率的計算方式是以股票市值除以借款金額，當股票市值跌破一定的金額後，如果維持率不足130%，就要補錢給券商。

三、個股期貨：這也是相當便利的一種方式，不過期貨類的商品是採保證金交易，如果資金低於維持保證金，就會被迫賣出，風險很高。

四、銀行信貸或不動產抵押：這是向銀行借錢投資的方式，銀行信貸的利息較高，不動產抵押的利息則較低，但這兩種方式每個月都會有償還貸款的壓力。

表6-A　財務槓桿種類與特性

	融資	股票質押	個股期貨	銀行信貸	不動產抵押
利率／借貸壓力	高／維持率壓力	低／維持率壓力	無／有補保證金壓力	高／每個月償還貸款壓力	低／每個月償還貸款壓力
便利性	高	中	高	低	低

07

股市上萬點還能投資嗎？

2020年12月，台灣加權指數已經不斷創歷史新高，突破14,000點，到底上萬點能不能投資，成了每天新聞討論的熱門話題。

台灣投資人總有「萬點迷思」，認為股市到了這種程度就不能投資。當然以位階來說，高檔進場買股的風險相對比較高，但是否想過，現在的高點或許是未來的低點？2003年我在讀大學時，經濟學教授曾說：「美國那斯達克指數（NASDAQ）在2000年網路泡沫的高點5,132點，這輩子不會再看到了。」結果，2020年的那斯達克指數已經來到12,000點，當初的5,132點在現今看來，卻是相對的低點。

與其糾結於現在適不適合買股，倒不如思考在這個階段應該買哪些個股，更能強於大盤走勢，畢竟真正的好股票是能禁得起股市多空循環的變化，走出自己的路。

以護國神山「台積電」（2330）為例，歷經2008年金融海嘯、2010年歐債風暴、甚至2020年新冠肺炎疫情等危機的影響，其股價反而愈走愈高。

所以，當台股位在不斷創新高的趨勢下，與其猜測頂在哪裡，不如謹慎選股、適時進場才不會錯失行情。

　　圖7-1為台積電（2330）、宏達電（2498）與加權指數從2008到2020年9月1日的走勢圖，從圖中就可以很清楚地了解，操作的關鍵在於選對個股。如果手中持有的是宏達電（2498）的股票，即便台股創下歷史新高、漲幅達到91.73%，股價卻下跌了90.64%；但如果持有的是台積電（2330）的股票，同一段時間的漲幅高達了715%，而這就是大家常說的「選股不選市」。

　　不過，當然啦，台股在萬點之上不斷創歷史新高之際，要帶著害怕買在高點被套牢的心魔進場也是很不容易。所以萬點之上的選股策略，盡可能挑選漲幅相對比較落後的個股，萬一遇到行情轉空拉回時，相對低基期的股票通常不至於跌太深；所謂的低基期，通常是和大盤的漲幅、位階做比較，如果該個股在同一段期間的漲幅比大盤少，或是大盤創歷史新高而該個股並未創高，就可以視為相對低基期。反而是股價在歷史高檔附近的個股，就很有可能面臨到比較大的下跌空間。

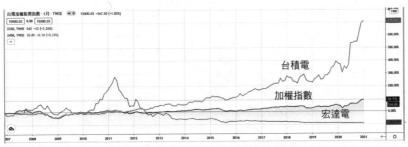

圖7-1　2008-2020.9.1台積電vs.宏達電vs.加權指數走勢比較　　圖片來源：Tradingview

第二章

規則要了解

贏在起跑點，透徹台股交易重點

08▶ 短線投資和長線投資，哪一種比較好？

09▶ 集中、櫃買、興櫃，三種市場有何不同？

10▶ 融資買股票、融券放空是什麼？

11▶ 什麼是股票借券交易？

12▶ 新股抽籤一定穩賺不賠？

13▶ 什麼是股票競拍？該怎麼參與？

14▶ 股票質押有什麼風險？

15▶ 為什麼有些股票會列為注意股、警示股或處置股？

16▶ 逐筆交易的掛單方式有哪些？

17▶ 盤中零股交易有什麼規則？

18▶ 參與除權息、領了股息就是賺？

短線投資和長線投資，
哪一種比較好？

　　一般投資股票不外乎有「長線投資」和「短線投資」兩種方法，差別就在於「時間」，不只有持有股票的時間長短，還包括有沒有看盤的時間。

　　我們常說的短線投資是指「當沖」或「隔日沖」，也就是當天買進當天賣出，或者當天買進、明後天或不超過一週就賣出；而長線投資的週期，一般來說可能持股一季、半年甚至好幾年。那麼究竟哪種方式好？其實只有適不適合自己的操作模式，沒有標準答案。

　　要做短線投資，最重要的是要有看盤時間。不少上班族投資人想做短線當沖，但常常因為突然臨時工作忙碌而錯過了買賣的時間點，更嚴重的是，來不及在收盤前賣出買超過自己資金水位的股票，導致違約交割。

　　另外，短線投資最傷的還有交易成本，不過由於目前實施現股當沖交易稅減半措施，加上券商手續費競價，已經大大降低了許多交易成本，對短線投資客來說是非常好的投資環境。

　　我們知道證交稅率固定為0.3%，這是在賣出時收取。2017

年，主管機關為了活絡台股的成交量，把當沖證交稅減半為0.15%，當買賣價位都相同的情況下，當沖會獲利，而非當沖則會虧損。舉例來說，如果買進一張市值100元的股票，賣出在100.5元，券商收取的買賣手續費設定為0.1425%，試算損益如下：

當沖：
買進手續費：100,000元×0.1425%＝142元
賣出手續費：100,500元×0.1425%＝143元
當沖交易稅：100,500元×0.15%＝150元
損益：100,500–100,000–142–143–150＝65元（獲利）

非當沖：
買進手續費：100,000元×0.1425%＝142元
賣出手續費率：100,500元×0.1425%＝143元
非當沖交易稅率：100,500×0.3%＝301元
損益：100,500–100,000–142–143–301＝–86元（虧損）

可以發現，當沖一張股票可以獲利65元，而非當沖則會虧損86元，所以當沖證券稅率減半會更有利於短線操作。

網路上常出現一些教你「無本當沖」的課程，這是因為台股的交割制度是T＋2，在買進股票的當下，帳戶不用有錢就可以進行交易。於是有些當沖客只有10萬元資金卻交易了100萬

元的股票，想著只要當天有賺賣掉就好，這對於不是專業投資人或新手來說存在非常大的風險。所以要進行短線投資，一定要充分衡量自身的資金狀況並掌握交易時間。

而長線投資適合沒時間看盤的投資人，這種交易模式不用時時刻刻盯盤，交易成本也較低，因為你可能看好一家公司或產業，以單筆或定期定額分散買進。如果這正好處在一個大波段的漲勢或跌勢，可以有不錯的報酬率，比短線交易方式更輕鬆。但如果你會因為手上持有股票就擔心得睡不著覺也吃不下飯，禁不起長線投資的波動，那麼今日事今日畢的短線投資模式反而較適合你。

集中、櫃買、興櫃，
三種市場有何不同？

　　大部分的投資人都知道，「股票」就是上市、上櫃、興櫃等公司的股權證書，如果我買了這家公司的股票，我就是這家公司的股東，可以在公司賺錢時得到股息或股利。但一家公司為什麼要上市上櫃呢？

　　其實台灣有許多賺錢的中小企業都沒有上市上櫃，而大部分會上市上櫃的公司主要是為了籌措資金。一家小公司經營穩定後若想要擴廠，除了向銀行借錢之外，另一個管道就是公開發行，藉由發行股票向大眾募資。但政府絕不容許一家公司根本沒有好好經營就出來募資騙錢，於是為了保護投資人，讓公司財報及營運透明化，要求公司在申請掛牌上市上櫃前，必須先在興櫃市場交易至少六個月，然後依據公司設立的年限、獲利狀況、股權分散等層層標準進行審核，上市標準最嚴格，其次是上櫃，通過之後才可以正式上市或上櫃。以下是三個市場的特性：

　　•**興櫃市場**：在「證券櫃檯買賣中心」採取議價方式交易，

也就是透過營業員向券商詢價和買賣，因此交易時常常看得到價位卻成交失敗，或是最高與最低價的價差很大，這是和一般上市上櫃股票交易方式較為不同的地方。加上比較少人買賣且流動性較差，股價又沒有漲跌幅限制，而且不一定所有興櫃股票都能成功轉上市上櫃，因此操作興櫃股票的風險較高。

• **櫃買市場**：和興櫃一樣是在「證券櫃檯買賣中心」交易。櫃買市場主要是新創的中小企業，通常股本較小，一旦獲利好轉，受到市場關注下的股價表現會很活躍，所以飆股經常出現在櫃買市場。但有些上櫃股票交易量較少，須注意交易風險。

• **集中市場**：主要是大型指標個股，像台積電（2330）、鴻海（2317）、國泰金（2882）、中鋼（2002）等都是上市股票，常說的「台股點位」就是集中市場指數。集中市場的個股交易量都很大，資訊較為透明穩健，通常建議初入股市新手可從這些大型股中尋找標的。

集中、櫃買或興櫃市場不只是上市前會受到主管機關的審核，上市期間仍會受到金管會證券交易所的監理，也訂定了「下市機制」，當個股淨值低於3元，或者企業簽證會計師的查核報告顯示該企業繼續經營能力有重大不確定性，就符合下市標準。像2020年最重大的下市爭議案就是「康友-KY」（6452），因連續兩季交不出財報，按照主管機關規定已經先停止買賣，造成許多投資人損失慘重。因此，投資人應該避免將資產重押在單一個股，分散投資才是較佳的策略。

融資買股票、融券放空是什麼？

前面提到，當手中資金不足以買入整張股票時，除了用定期定額買零股，還有一種就是利用「融資」買股票。例如我們預期某家公司股票會漲，目前市值300元，但手中現金沒有30萬而只有12萬時，就可以透過融資的方式向券商借錢買股票，等於是用較少的資金但享有與現股一樣的漲跌報酬。當然，像這樣以小搏大的投資方式有一定的風險，不建議投資新手初入股市就使用這種交易方式。

政府規定，投資人必須要有信用戶[1]，也就是投資人要有一定的交易經驗才能使用融資、融券交易。雖然是合法的擴張信用，但融資利息較高，當股票不如預期而持續下跌時，就會面臨到斷頭追繳的風險。因此用融資買股票建議以短線交易為主，不適合存股或股票套牢時又無法停損賣出的投資人。

---

1 信用戶的開戶條件如下：（1）開立普通證券戶滿三個月（在其他證券商交易超過三個月亦可）；（2）累積成交超過十筆（買＋賣）；（3）累積的成交金額需超過申請的信用額度50% 以上；（4）申請的融資信用額度超過50萬元需準備財力證明，須為申請額度的30%（假設要申請100萬的融資額度，就要拿出30萬元的財力證明。

關於「融資交易」，有幾個必須了解的名詞和觀念：

・**融資成數**：指的是券商借給投資人買進股票的資金比例。目前上市櫃股票融資成數為60%，也就是券商會借給你六成的資金，而你只要付四成資金就能擁有該個股的權益。但是要留意有些券商因為內控等因素，要借給你的成數也會有所不同，下單時券商軟體通常會顯示融資成數，投資人可以參考。

・**融資利息費用**：既然跟券商借了錢買股票，當然就要負擔利息費用，利率根據每家券商而有不同，目前年利率大約在6至7%，不過都是以日計息，費用其實不低。

・**融資擔保維持率**：維持率的計算公式為股票現值÷融資金額×100%，因此買進股票時的維持率固定是166%。券商借錢給你買股票，但他也會擔心萬一股票下跌，你會沒錢還款，便訂下一個標準維持率130%。如果維持率低於130%就會發出追繳令，這時候你就要補錢進融資券追繳保證金專戶裡，如果沒有補足金額，該檔個股就會被券商強制賣掉，也就是俗稱的「斷頭」。

舉例來說，你想買進一張市值300元的台積電（2330）股票，現股買進需要準備30萬元，利用融資買進則一張只需要12萬元（60%的資金向券商借，故借了18萬元）。假設股票持有30天：

利息費用＝融資金額×融資利率×天數÷365，即180,000元×6%（融資利率）×30÷365＝887元。

維持率＝300,000÷180,000×100％＝166％，但如果股價持續下跌，當跌破234元（180×130％＝234）時，維持率就低於130％，此時你必須補錢給券商，否則券商就會強制把你的股票賣出。

除了透過融資買進股票以賺取上漲時的報酬，相對地，我們也可以利用所謂的「融券放空」來賺取下跌時的報酬。「融券放空」就是向券商借股票賣出，有點像是和券商對賭的意思，當你看壞某檔股票認為它會下跌時，就可以用融券賣出，也就是俗稱的「放空」。

但要進行融券放空要特別留意一點，上市櫃公司在除權息、股東會前因為要建立股東名冊，因此融券會面臨強制回補的情況，投資人必須在強制回補日之前就得出清融券，這種情況通常一年會遇到兩次。

關於「融券放空」，以下是必須了解的名詞和觀念：

・**融券保證金**：要採取融券放空股票時，需要有股票市值90％的資金作為保證金，以確保投資人有足夠的資金交易。

・**融券擔保維持率**：公式＝（融券保證金＋原融券賣出該股票的市值）÷目前該股票的市值×100％。融券擔保維持率同樣也是以130％作為券商追繳保證金的基準，若低於維持率且當天沒有補足金額至追繳保證金專戶，就會像融資一樣遭券商強制出清持股。

舉例來說，假設台積電在市值300元時融券賣出一張，需要保證金27萬元（300,000×0.9），維持率是（270,000＋300,000）÷300,000×100%＝190%。

　　許多投資新手會因為資金不足而選擇用融資買股票，但融資交易是一種高財務槓桿的操作，一定要評估好自身的風險，量力而為。因為一旦看錯個股走勢，就有可能面臨到維持率不足而要補錢。如果投資人又一直凹單[2]不停損，虧損會很嚴重，加上融券會有強制回補的時間，因此這兩種交易都建議以短線交易為主，並在看錯方向時要做好停損動作。

2　所謂「凹單」，是指股價跌破原本設定好的停損出場價時，沒有按照計畫賣出反而持續加碼買進。

11

什麼是股票借券交易？

　　所謂借券，就像把房子拿去出租以賺取租金的概念，如果手上持有現股的股票，就可以借給需要借券的投資人，藉以賺取利息。由於法人（外資、投信、自營商）不能用融券進行交易，所以大部分的借券交易都是以法人為主，而且外資就占了將近80%。股票出借的年利率從0.01至20％不等，一般市場成交的利率大多在1至4％之間，利率高低主要受到股票在外流通的數量而定，如果能借到的張數愈少，則利率會較高。

　　股票出借有兩種形式：

　　一、有價證券信託：主要以信託方式進行出借，門檻較高，通常金額要達數百萬元以上或出借張數須達到一定的數量，因此這部分通常以法人交易為主。

　　二、雙向借券：指投資人可以向券商借股票賣出（類似融券放空），也可以把手中的現股出借給券商賺取利息，是一種門檻較低的借券方式。即便只有一張股票也能出借，透過券商平台完成交易，相當便利，很適合散戶投資人。

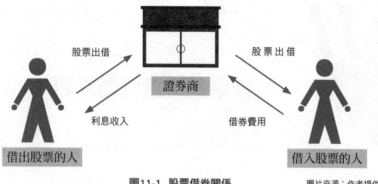

圖11-1　股票借券關係　　　　　　　　　　　圖片來源：作者提供

　　要進行股票出借，只需要證券帳戶開戶滿三個月即可向券商申請開立借券戶。股票借券交易最適合手上持股打算長期持有的投資人，因為反正都要長期持有了，既然沒有想要賣出，就可以把股票出借給需要的人來賺取利息收入，何樂而不為？不過，借券程序至少會有兩個交易日無法交易手中借出的持股，必須確保短期間絕對不會賣出才能同意借出，因此不適合時常短線進出的投資人。關於股票出借的優缺點，請參表11-A。

表11-A　股票出借的優缺點

優點	缺點
・風險相對較低。 ・可以額外賺取利息收入。 ・出借的股票依然可以領股息。	・冷門股較難有借券需求。 ・不適合短期持有者。 ・無法立即召回股票。

那麼，如何操作股票出借呢？我以「日盛證券SMART」
App為例來示範（參圖11-2）：

　第一步：打開日盛證券SMART App首頁。
　第二步：點選「股票出借」。
　第三步：頁面會顯示出目前市場上要出借的股票、張數與利
率，如果手上有相關的庫存個股想出借，可以點選「執行出
借」，自行輸入想要出借的張數和出借費率就可以了。其他券
商的軟體操作方式都差不多，可以用相同的方式進行

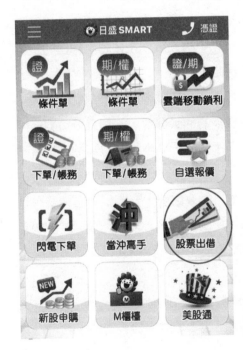

圖11-2 股票出借操作
圖片來源：日盛證券

12

新股抽籤一定穩賺不賠？

　　股票承銷申購也就是我們一般常說的「新股抽籤」，非常推薦剛開始接觸股市卻不知道買什麼以及不知道交易規則的投資新手嘗試。當有新公司即將掛牌上市上櫃或增資發行新股，就會釋出一定額度的張數給投資人申購，由於申購價和市價通常有一定的差距有利可圖，所以申購人數大多會超出釋出的股票張數，最後再由電腦抽籤決定。

　　要參與新股抽籤的門檻很低，只要具備台股帳戶就能參加。不過不是愈多帳戶就能有愈多的抽籤機會，一個身分證號僅能申購一次，因此不能同時向不同的券商申請，重複抽籤是會被剔除抽籤資格的。

　　提出申購申請後，在申購日結束之前，交割帳戶必須要有足夠的金額可以扣款，金額＝申購價格×1,000股（1張）＋20元手續費＋50元郵寄費（如果沒有中籤，券商就會退回50元郵寄費）。

　　那麼如何查詢有哪些申購股票？有兩種方法，一是進入證交所首頁，從「市場公告」中點選「公開申購公告」，就可以看

到近期申購的股票，網頁中會顯示申購的起始日、承銷價、實際承銷股數等相關資訊。另一個方法是透過券商的App，在「承銷申購」一處可以直接看到現在價格及申購價格的價差，資訊十分透明清楚，若確定要參與申購，直接就能在App上操作，非常方便。

雖然股票申購的門檻很低，只要持有台股帳戶就能參加，但承銷申購一定會賺錢嗎？原則上，很少會發生股價跌破承銷價的情況，因為如果承銷價比市價還貴，就沒人要參加申購，直接在市場上買就好了。不過當然也有例外的時候，像是承銷價和市價相差不多時，萬一又遇到行情較差的環境，這時就要考量到配發股票時的市價可能已經低於抽籤價格。因此申購承銷時，應盡量挑選至少價差高於10%以上的個股，比較不會因為行情的波動，結果落得抽到股票卻反而賠錢的下場。

接著以「日盛證券SMART」為例，示範申購股票的流程：

第一步，點選「新股申購」，就會顯示出近期可參與抽籤的標的（參圖12-1上圖）。

第二步，檢視目前可參與抽籤申購的個股之詳細時間行程，包括何時開始申購、截止日期、扣款與抽籤日，以及承銷價（抽籤價）與參考價（目前個股的市價），然後在有興趣的股票點選「開始申購」即可（參圖12-1下圖）。

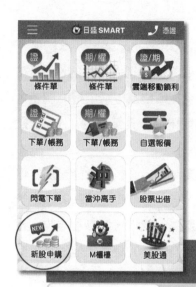

新股申購	申購查詢/取消	中籤歷史查詢

2636 台驊投控

開始
申購

承銷價 30　　　　　　　　參考價 40.85

01/05	01/07	01/08	01/11
開始	截止	扣款	抽籤

1張　　　　　　　　　　　　　　　　　　　　　　　　　**IIII➡**

2836A 高雄銀甲特

已經
截止

承銷價 25　　　　　　　　參考價 0

12/31	01/05	01/06	01/07
開始	截止	扣款	抽籤

2張　　　　　　　　　　　　　　　　　　　　　　　　　**IIII➡**

配合交易所作業時間，接受新股網路預約申購時間為前一營業日
14:00~當日13:50

圖12-1 新股申購操作　　　　　　　　　　　　　　　　　圖片來源：日盛證券

什麼是股票競拍？
該怎麼參與？

　　上一篇介紹了「新股申購」，不過中籤率其實非常低，有價差的個股中籤率大約只有1至3%，有些價差很大的熱門抽籤股因參與的投資人太多、太熱烈，中籤率甚至只有0.2%左右。但其實在公開申購作業之前，還有一種方式可以讓投資人參與新股認購，就是「競價拍賣」。

　　所謂「競價拍賣」，可以解讀成像在競價拍賣買東西，人人都可以喊價，最後價高者得標，只是股票的競價拍賣標的物就是股票。過去都是以詢價圈購的方式，也就是承銷商直接找特定人議價認購，當然這種好康絕對只有特定人才有機會，金管會為了改善這種弊端，在2016年推動新法，要求上市上櫃公司對外募資應優先以「競價拍賣」，讓普羅大眾也能享有申購的權利。

　　競價拍賣參與的方式就像在網路拍賣買東西一樣，首先在開拍日前五天，證交所會統一公告競價拍賣的資訊，公告日後三個工作天，投資人便可以透過網路，在證交所「有價證券競價拍賣系統」中自行填寫標價及張數，於開標日前兩天要將保證

金和手續費匯入個人證券交割的帳戶。開標當日會公告以價高者得標,開標日後兩天內將款項及手續費匯入交割帳戶。在開標日後十天,股票就會匯入集保戶,這時投資人就可以在市場上交易了。

　　既然標價是自行填寫,而台灣的得標方式又以價高者獲得,怎麼填寫投標金額就非常重要了。建議投資人參考市價及最低價,標的價差至少超過15至20%,同時還要考量手續費等成本約占了5至7%,再加上得標後的股價市價有可能下滑的風險,根據上述這些因素來決定價格,千萬別為了得標而把訂價訂得太高,最後拿到股票時反而沒賺到價差。

　　要特別留意的是,參與股票競拍活動時,需先繳納30至60%的總投標金額作為保證金,如果得標了就必須補足尾款,否則保證金會被沒收。由於已經發送出去的投標單不能取消,所以在網路下單送出之前,一定要仔細確認投標價和張數。

　　首次公開募股(initial public offering, IPO)釋放出來競價拍賣的張數約占80%,比承銷申購更有機會得標,只是價格通常會比公開申購價要高一些。但一個身分證號公開申購得標僅一張,而競價拍賣得標數量最多可達公開銷售的10%,因此即使得標價格可能沒有公開申購來得低,總體報酬率不一定會較低。關於公開申購與競價拍賣的比較,請參表13- A。

表13-A 公開申購與競價拍賣之比較

認購新股方式	公開申購	競價拍賣
申購次數	僅限一次	可多筆，得標數量不得高於對外公開銷售的10%
保證金	全額預收	得標金額的30至60%
釋出張數	少	多
價格	承銷商公告價格	投標人自行決定投標價格
費用	處理費20元，中籤通知郵寄費50元	投標處理費500元以內，得標手續費5%以下

　　那麼，如何參與競價拍賣的投標流程呢？首先登入證交所「有價證券競價拍賣系統」，選擇「下單券商」並輸入身分證號即可登入。接著點選「標單輸入」，可以看到近期進行投標的個股，另外還可以從「應繳保證金、投標單查詢」頁面中查詢投標紀錄的相關資料。

14

股票質押有什麼風險？

　　當我們想長期持有股票時，一般會選擇現股買進的方式，如果透過融資來買股，由於利息過高，對長期投資來說，投資成本相對較高。但如果想從既有資金提高投資收益，除了融資還有「股票質押」這個方式，也就是以手上的現股股票當做抵押品來向金融機構借錢，通常會以手上股票市價加上個股風險評估考量，大約六至七成的比率作為貸款金額。借款年利率依各家銀行而定，目前大約是3%，遠低於融資的6至7%。因此對長期投資者來說。利用股票質押是比融資持有更好的方式。

　　但股票質押和融資一樣會面臨斷頭的風險。你把股票當做抵押品向銀行借錢時，萬一這檔股票愈跌愈深，銀行也會擔心你後續是否有能力還款，因此當股價低於維持率130%，同樣需要再提供擔保品或補錢來提高維持率，否則券商將強制賣出該檔抵押的持股。

　　舉例來說，你手上握有十張股價300元的台積電（2330），市值為300萬元，申請質押的金融機構會貸款給你總市值60%的資金，也就是180萬元，維持率就是300萬÷180萬＝166%。

如果台積電跌到234萬元以下，維持率就會不足130%，此時必須提供其他擔保品來抵押。

因此，同樣是借錢買股票，你可以選擇融資也可利用股票質押的方式，若以借款利率來看，股價質押明顯低了不少，但施行的便利度就不如融資買股來得方便，透過表14-A可比較出各自的優缺點。

表14-A 融資與股票質押之優缺點比較

借錢買股方式	融資	股票質押
利率	高	低
時間長度	短	長
借款用途	僅限買股	不限
手中持股	無	必須持有股票抵押
便利性	快	慢

股票質押其實和前面內容提到用低利率優勢借錢買股的觀念是一樣的，只是抵押品是股票，多了一個可能因股價下跌而被迫強制賣出的風險。因此如果投資人手中持股是想抱一個波段漲幅，可能三個月至一年，運用融資買進的利率成本較高，會稀釋掉原有的報酬率，這時就可以考慮用股票質押的方式。但不管是融資或股票質借，都是擴張槓桿進行的投資，應該格外注意停損的重要。

15 為什麼有些股票會列為注意股、警示股或處置股？

證交所為了保護投資人，避免有心人士操縱股價造成投資人損失，當出現個股成交量異常放大、價格在短時間內漲跌幅異常或外資借券賣出張數過多時，就會被列為股票交易異常，處理順序依序為注意股、警示股、處置股。

・**注意股**：通常在股票成交量過大或漲跌幅異常就會觸發，像是三十個營業日漲幅超過100%、單日週轉率超過10%等。

・**警示股**：觸發條件如連續三個營業日達到注意股標準，或是十個營業日中有六個營業日達到注意標準等。

・**處置股**：當股票被列為處置後，為了降低股價異常波動，會採取五分鐘分盤交易，主要是希望個股的流動性降低、交易量減少，讓一些飆漲的個股能夠恢復理性，或調降融資比率及提高融券保證金等措施。

當個股列為注意股時，還不會有任何處置機制，一旦列為處置股，則有可能延長成交撮合時間五至十分鐘，或者在全額交

割股買賣時需要先圈存交割款，也就是買進股票時，須先把交割款存入券商指定的帳戶後才能掛單買進。

　　設定這些機制的目的是要提醒投資人給予保護作用，並非這檔股票本質或業績不好，像是有些個股突然業績轉好或接獲訂單等利多出現後，股價會出現飆漲等異常現象，這時該檔個股很容易就會被列為注意警示股，除了提醒投資人，也可以藉由一些機制來降低市場熱度，讓股價回歸基本面的合理價。

　　當然，也有可能是某些個股受到特定人士操弄而造成股票交易異常，這時當操作上就要更加小心。而有些券商內部會有一套警示股標準，在下單時跳出該個股為特定投顧推薦標的等警語來提醒投資人，該檔個股可能會因為券商內部的機制而停止融資券。所以並非不能買賣具有警示、注意等訊號的股票，而應該更慎選操作或以短線進出為主。

　　若要查詢個股是否交易異常，可以進入證交所的首頁，點選「市場公告」就可以查詢了。

逐筆交易的
掛單方式有哪些？

2020年3月23日，台股交易制度改為逐筆交易，這也是目前國際市場中大多採取的交易模式，除了能讓交易更有效率、隨到隨撮合，價格反應資訊上也更為快速。

以往的交易模式是五秒撮合一次成交價的競價交易，當你下完單又反悔塘，還有時間可以取消掛單，而現行的逐筆交易則是你立即下單，在價格範圍內都可以立即成交。但也因為逐筆交易撮合速度快，證交所祭出了穩定價格的措施，主要是希望價格異常波動時能夠保護投資人避免追高殺低，於是出現「緩漲試撮」、「緩跌試撮」等訊號提醒，盤中成交價與前五分鐘的平均價格在正負3.5%時就會啟動，這時會暫停交易兩分鐘，讓市場冷靜一下。

逐筆交易有兩種掛單方式：

掛單方式

一、限價單：即指定價格掛單，例如想要買進300元的台積電（2330），以限價價格300元掛單，當台積電的價格來到300

元時，才會依掛單時間順序成交。這個方式的好處就是成交價格一定是自己設定好的價格，壞處則是當行情變動較大且價格波動大的時候，我們看到的價格不一定能夠馬上成交，因此比較適合不急著買賣且有目標價的投資人。

二、市價單：即不指定價格，例如現在馬上就要成交一張台積電，你看到價格落在430元時掛進市價單，那麼成交價有可能會是430、431或432元，只要市場有賣單就會立即成交。而市價單的成交會優先於限價單，也就是當現在價格是430元，掛市價單的會比掛限價單430元的優先成交，而限價單會依掛單時間先後順序成交。

不過掛市價單時要特別注意，如果是量大的股票，成交價格通常不會差多少，但如果是成交量較小的個股，直接掛市價單有可能會成交到離市價差距很大的價格。因此，建議一般投資人掛單還是以限價單為主，如果想要立即成交，可以用比現價更高的方式掛單。

舉例來說，假設看到台積電目前的成交價是500元，可以掛501元買進，這樣就很有機會能直接成交。市價單的價格比較適合在漲停板或跌停板，當你要及時買進或賣出時，使用市價單會優先於限價單。

委託條件

一、當日委託有效（簡稱ROD）：指送出的委託單一直到當日收盤前都是有效的。例如當日委託買進十張股票，結果成交

五張，剩下五張未成交的委託單一直到收盤前都是有效地掛著等待買進，這和以前競價撮合交易模式一樣。

二、立即成交否則取消（簡稱IOC）：指送出的委託單允許部分成交，剩下沒有成交的就馬上取消。例如當日委託買進十張股票，結果成交了五張，剩下的五張未成交委託單就會立即取消。

三、立即全部成交否則取消（簡稱FOK）：指送出的委託單必須全部滿足才能成交，否則就是全部取消，不想要部分掛單成交的投資人可以採用這個方式。例如當日委託買進十張，必須一次成交十張，否則所有掛單都會取消。

如果你對逐筆交易的下單方式霧煞煞，想要按照以往的方式下單，其實只要記得點選「限價」、「ROD」即可。

盤中零股交易
有什麼規則？

　　本書一開始提醒了投資新鮮人，想要投資就要立即行動，不管資金大小，有投資的行動才有成功的機會。自從零股交易新規則上路後，對於只有小資金操作零股交易的投資人來說，可以說有著比過往更好的投資環境。

　　過去的零股交易方式非常不方便，交易時間僅在盤後才能進行，盤中如果見到想買賣的個股價位大漲或大跌時都不能動作。假設股價在盤中一度漲停，持有零股的人想要賣出就只能等盤後，但萬一收盤時股價又跌了回去，就錯過了好的賣點。而且盤後於下午兩點半集合競價，只有一次撮合成交的機會，一翻兩瞪眼。因為交易上的種種不便，造成盤後零股交易相對清淡，成交量很少，流動性也不佳，降低了投資人買賣零股的意願。

　　因此，主管機關為了讓零股交易更活絡，在2020年10月26日開放了盤中零股交易機制。交易時間和一般交易時間相同，都是在9點到13點30分，只是第一筆交易時間在9點10分才競價撮合成交，之後是每隔三分鐘撮合一次，中間的時間則每隔十秒

鐘揭露模擬的成交價。

　　不過盤中零股交易僅能使用電子交易方式委託，無法採取人工掛單。零股掛單以價格優先為首要撮和原則，接著以時間優先的方式進行，現在零股交易模式和盤中交易模式類似，如果想要立即成交，可以用比現價更高的方式掛單。

　　由於交易時段更彈性且價位揭露更透明化，對小資族而言，零股交易不在只能委屈求全，買賣零股也可以像整張股票一樣，享受盤中價格變化的波動行情。關於盤後零股與盤中零股交易之比較，請參表17-A。

表17-A　盤後零股vs.盤中零股交易的差別

	盤後零股	盤中零股
交易時間	13：40~14：30	09：00~13：30
競價方式	14：30集合競價撮合一次成交	09：10第一次以集合競價放式撮合
資訊揭露	14：25之後每隔30秒揭露試算結果最好的一檔買賣價格	每10秒揭露模擬成交價
交易方式	電子、人工皆可	限電子交易方式委託
成交順序	價格優先為原則，同價格者則以電腦隨機決定	價格優先→時間優先為準則

盤中零股交易讓投資人的投資策略更加靈活，但要留意的是手續費的問題。部分券商都會收取最低20元的手續費，以0.1425%的手續費率計算，如果零股單筆金額在14,000元以下會比較不划算。但隨著政策推行定期定額買零股，多家券商都已經降低最低手續費的標準，不過建議投資人下單前，還是先確認所屬券商的手續費規則。

　　最後要注意的是，零股交易的報價系統和一般股票交易不同，以日盛證券的下單系統為例，在個股交易資訊的畫面中，要進行盤中零股交易要先點選「盤中零股」這個項目，就會出現這檔個股目前在零股交易系統中的上下五檔報價，接著再從這個介面下單買賣即可。

參與除權息、領了股息就是賺？

　　近幾年投資人之間最火熱的話題就是「存股」，而講到存股就不能不提到領股利和股息，因為存股的主要觀念就在於領股息股利的複利投資法。所以市面上出現許多傳授如何「年領百萬股息退休投資術」、「存股利滾利」的理財書或影片等，讓許多投資人誤以為只要股票能領到股息就是好，在買股時會特別去追求高殖利率股。

　　但事實上，參與股票除權息來領取股息股利，只是拿自己的錢給自己，把錢從左手換到右手的概念。就像許多配息基金一樣，多數人聽到配息就會覺得安穩許多，因為尚未獲利了結的投資可以事先一小部分、一小部分地領到一點錢，光是這樣就讓人感到安心，只不過市場上很多這類型的基金商品都是從本金配發利息給投資人。投資股票領取股息股利也是同樣道理，上市櫃公司每年將獲利的盈餘，用股票或現金股利的方式配發給股東，所以並不是公司每一年的股息都相同，而是就當年度的財務狀況來決定要配發多少盈餘給股東。

　　而公司將獲利的盈餘回饋給股東也不是憑空而來，這筆回饋

金是公司總市值資產的一部分，配發多少股息就會反應在股價市值上，股價在除權息日就必須扣掉所配發的股息。簡而言之，投資人拿到多少股息，股價就會減掉多少，持有該股票的總市值不變。

關於除權息，以下是需注意的重點：

• **除權息時間**：以台灣上市櫃公司來說，通常是一年配息一次。除權息日主要集中在六至九月，通常在股東會時間宣布當年度將發放多少股息股利，並且公布除權息日。

• **如何參與除權息**：只要在除權息日的前一天持有該個股，就可以參與除權息，例如鴻海（2317）在2020年的除息日是7月23日，想要領到鴻海股息的投資人必須在7月22日收盤之前持有股票，一直到除權息日7月23日開盤，就能享有領到股息的資格了。

• **除權／配股**：對投資人來說，拿到的股票股利就是「配股」，而對公司股價來說，價格扣掉所配發的股票股利就是「除權」。股票股利是公司以配股的方式，讓股東的持股增加。假設鴻海宣布發放股票股利2元，投資人持有一張鴻海股票，參與除權除息前一天的收盤價為70元，一張股票（1,000股）會配發200股的股票股利給投資人，除權息當日的股價會從前一天的收盤價70元降為當天的參考價58.3元，計算方式請參表18-A。

• **除息／配息**：當公司獲利有盈餘時，就會配發現金股利給

股東，這就是「配息」，而股價會因為有配息而除息。假設鴻海宣布7月23日發放現金股利2元，投資人持有一張鴻海參與除息，就可以領到2,000元的現金。除息日前一天的收盤價為70元，那麼7月23日當天的參考價就會降為68元，計算方式請參表18-A。

表18-A除權息參考價計算公式

除息（現金股利）參考價＝股價－現金股利 除權（股票股利）參考價＝股價÷（1＋股票股利÷10）
同時除息除權參考價＝（股價－現金股利）÷（1＋股票股利÷10）

關於除權息參考價計算，也可以上櫃買中心網站，點選「上櫃」→「參考價試算」→「除權除息參考價試算」，然後輸入股價、股利配發數就能算出來了。

當我們實際了解除權息的規則後就會知道，並不是領了股息就能真的賺到錢，而是手上持股的股價須漲回去除權息前的價格，那才是真正賺到股利股息，也就是常聽到的「填息」。如果股價在除權息後卻頭也不回地跌了，就是我們最不想聽到的「貼息」，代表投資人只是領了股利、賠了價差。

所以，股票參與除權除息到底好不好呢？還是得看個股的基本面及當時的行情等因素來判斷，並參考個股過去填權息的時間長度及填息率，就會知道並非所有股票都適合參與除權息。

第三章

ETF全攻略

不燒腦選股，懶人投資的好商品

19▶ ETF和一般股票有什麼不同？

20▶ ETF的種類繁多，各有什麼特點？

21▶ ETF的淨值與市價有何差別？

22▶ 槓桿型ETF的風險很大嗎？

23▶ 想要穩定配息，如何擬定債券ETF操作策略？

24▶ ETN是什麼？和ETF有何差別？

25▶ 為什麼主題型ETF的風險比較高？

26▶ 股票會下市，ETF也會有下市的命運嗎？

ETF和一般股票
有什麼不同？

2005年，巴菲特在一場與對沖基金的賭局中，以「Vanguard標普500指數ETF」（Vanguard S&P 500 ETF，VOO）挑戰五檔避險基金的績效，結果這場賭局在2017年宣告獲勝，也讓全球投資人更熱愛ETF這項商品。

ETF的全名為Exchang Traded Fund，意思是可以在交易所交易的基金，就像股票一樣在證券市場買賣交易，因此又稱為「指數股票型基金」。ETF是被動追蹤某一指數，由基金經理人按照指數編造的規則來買進標的布局。

像是大家耳熟能詳的「元大台灣卓越50基金」（簡稱「元大台灣50」，0050），其指數的編制是選取在台灣證交所市值前五十大的上市公司為成分股，該基金經理人就是根據這五十檔個股依照權重比例買進布局（參表19-A）。台積電（2330）的權重最大，買進的比例最高，占了該基金比重達47.96%，其次為聯發科（2454）4.64%、鴻海（2317）4.28%，等於買了一檔ETF，就包含了一籃子的股票組合。初入股市的投資新鮮人若不知道如何選股時，建議先從ETF著手。

表19-A 元大台灣50（0050）成分股與占比

股票名稱	持股（千股）	比例（%）	股票名稱	持股（千股）	比例（%）
台積電（2330）	106,811	47.96	華碩（2357）	3,134	0.79
聯發科（2454）	6,584	4.64	瑞昱（2379）	2,111	0.78
鴻海（2317）	53,133	4.28	華南金（2880）	42,512	0.76
台達電（2308）	9,621	1.9	國巨（2327）	2,030	0.75
中華電（2412）	16,904	1.88	台灣大（3045）	7,287	0.74
台塑（1301）	21,650	1.78	統一超（2912）	2,498	0.67
聯電（2303）	51,082	1.63	可成（2474）	3,251	0.61
南亞（1303）	25,077	1.53	台新金（2887）	45,814	0.6
中信金（2891）	80,486	1.51	和碩（4938）	8,917	0.57
國泰金（2882）	36,830	1.47	上海商銀（5876）	14,542	0.56
大立光（3008）	455	1.43	研華（2395）	1,831	0.55
兆豐金（2886）	48,542	1.39	開發金（2883）	61,997	0.54
富邦金（2881）	32,622	1.38	永豐金（2890）	46,756	0.52

（續下頁）

股票名稱	持股 （千股）	比例 （%）	股票名稱	持股 （千股）	比例 （%）
統一 （1216）	21,345	1.36	彰銀 （2801）	28,778	0.51
玉山金 （2884）	53,054	1.34	台塑化 （6505）	6,120	0.5
中鋼 （2002）	54,977	1.16	矽力-KY （6415）	268	0.49
台化 （1326）	15,243	1.09	遠東新 （1402）	17,561	0.47
日月光 投控 （3711）	15,071	0.99	光寶科 （2301）	9,507	0.46
台泥 （1101）	22,540	0.95	亞泥 （1102）	10,287	0.44
元大金 （2885）	51,493	0.95	遠傳 （4904）	7,055	0.44
第一金 （2892）	45,106	0.94	豐泰 （9910）	1,946	0.35
和泰車 （2207）	1,422	0.89	正新 （2105）	8,262	0.31
廣達 （2382）	11,893	0.89	台灣高鐵 （2633）	9,223	0.29
合庫金 （5880）	42,593	0.85	緯穎 （6669）	371	0.28
中租-KY （5871）	5,627	0.81	南亞科 （2408）	3,662	0.22

資料來源：公開資訊觀測站，資料統計至2020年10月31日止

為什麼ETF如此受到投資人的追捧？以下幾個特點可以看出一二：

　　一、風險相對低：指數型基金投資的最大特點就是小資金也能做到分散布局。當你買進一張「元大台灣50」（0050），等於一口氣買了五十檔股票，而且是台股市值排名前五十名的公司，比起只買進一家公司相對較安全，風險也降低許多。

　　二、交易成本低：一般個股的證券交易稅是千分之三，也就是賣出股票的金額要被收取千分之三的稅，而ETF只要扣千分之一的稅。

　　三、免除選股煩惱：巴菲特之所以一直向投資大眾推薦ETF投資法，主要是ETF可以免除一般投資人無法針對個別股做深入研究的問題，如果看好某個族群，不用一一去研究每一檔個股，只要直接買進ETF就可以，省去選股的煩惱。例如假設看好5G產業的未來發展，可以買進5G相關ETF，在投資選股上更為輕鬆便利。

　　四、交易方便：ETF的交易規則和一般股票一樣，也有融資融券信用交易，投資人只要擁有證券戶就能交易，因此它的流通性相對較佳，投資相對穩定安全。

　　雖說ETF有上述眾多優點，但由於有很多不同的類型，各有其不同的特性與風險，所以操作的策略也不相同，後面會有詳細說明。

ETF的種類繁多，各有什麼特點？

　　台股自2003年發行首檔ETF「元大台灣50」（0050）以來，隨著ETF受到投資人的青睞，投信發行的商品種類愈來愈多元。目前台股ETF已經突破百檔，總資產規模突破了3,000億元。其中又以股票型ETF最多樣且最大宗，此外也從原有的型態擴展成「槓桿ETF」及「反向ETF」。以目前在台股掛牌交易的ETF，根據投資的商品、市場等可分類如下：

• 商品型ETF

　　主要透過買進商品期貨來追蹤相關商品的標的指數，以原物料為主，像是能源、貴金屬、農產品等，通常沒配息。曾經很火熱的「元大S&P石油」（00642U）就屬於商品型ETF，還有「街口S&P黃豆」（00693U）、「街口道瓊銅」（00763U）、「元大S&P黃金」（00635U）、「元大S&P石油」（00642U）等。

• 債券型ETF

　　基金的投資標的以債券為主。在台灣，一般投資人很難直接

購入債券，這類商品主要為法人、企業、高資產投資人透過銀行專業理財服務才能交易。一般投資人若想找低風險、穩定配息的債券商品，可透過銀行的債券型基金或投資債券ETF。

依照投資債券種類不同，債券型ETF可分為四種：

一、美國公司債：例如「元大美債20年」（00679B）、「富邦美債20年」（00696B）、「中信美國公債20年」（00795B）等。

二、金融公司債：例如「中信優先金融債」（00773B）、「群益10年IG金融債」（00724B）、「國泰A級金融債」（00761B）等。

三、投資等級債：例如「富邦全球投等債」（00740B）、「元大投資級公司債」（00720B）、「中信高評級公司債」（00772B）等。

四、新興市場債：例如「中信新興亞洲債」（00848B）、「凱基10年期以上新興市場BBB美元主權債及類主權債券ETF」（簡稱「凱基新興債10＋」，00749B）、「國泰彭博巴克萊新興市場5年期（以上）美元息收投資等級債券基金」（簡稱「國泰5Y＋新興債」，00726B）等。

・反向型ETF／槓桿型ETF

「反向ETF」追蹤標的指數報酬反向的ETF，即標的物下跌時則該檔ETF上漲，反之，標的物上漲則該檔ETF下跌，例如「元大台灣50反1」（00632R）、「元大滬深300反

1」（00638R）、「富邦日本反1」（00641R）。「槓桿型
ETF」追蹤標的指數報酬正向倍數的ETF，即如果標的物上
漲1%，兩倍槓桿ETF便會上漲2%，例如「元大台灣50正2」
（00631L）、「元大S&P500正2」。

投資人要購買這類型商品前須先簽屬風險預告書，而且要特
別注意的是，這類型ETF的長期報酬率會偏離一般標的指數，
有可能出現溢價過多或跌價的風險，較不適合長期持有，應以
短線進出為主。

・股票型ETF

以股票市場為投資標的。以追蹤指數或加權個股為主，由於
有較多會配股息的個股，適合喜歡存股的投資人。根據內容特
性，又可分為以下幾種：

一、主題型：舉凡高股息、公司治理都有其對應的ETF，
例如「統一 NYSE FANG＋」（00757）、「元大台灣ESG永
續」（00850）、「國泰台灣ESG永續高股息」（00878）等。

二、國家型：追蹤標的橫跨世界各國的指數，像是日本日
經、美股道瓊、中國滬深等，例如「元大寶滬深」（0061）、
「富邦日本」（00645）、「國泰日經225」（00657）等。

三、產業型：股票市場產業分類包括金融股、生技股、傳產
股等，產業型ETF的分類也很類似，像是台韓科技、AI＋機器
人、5G等，例如「國泰網路資安」（00875）、「群益NBI生
技」（00678）、「元大全球未來通訊」（00861）等。

21

ETF的淨值與市價有何差別？

2020年最熱門的一檔ETF，就屬「元大S＆P原油正2」（00672L），市值將近200億元的規模，躍居全球最大規模的石油槓桿型ETF。很多投資人可能只是了解石油跌很多，所以買進石油相關ETF，但盲目瘋狂買進的結果，造成ETF股價的溢價幅度一度接近400%之高，也就是原價只值100元的東西，即使已經超額定價到500元，還是有很多人瘋狂搶進，可以知道台灣市場買盤一窩蜂起來有多麼不理性。

當石油價格上升後，很多投資人感到很疑惑，為什麼手中持有的石油ETF沒有跟著反彈上漲？這表示大多數投資人沒有ETF淨值與市價的概念。

就像前面說的，ETF是結合一籃子的股票。和一般股票不同的是，它是有其內涵的標的物，而持有的標的物之總和就是它的真實價格，也就是所謂的「淨值」。但因為ETF是在股票市場掛牌交易買賣，它的股票價格就是「市價」，按照正常情況，市價與淨值應該很貼近，所以當ETF的市價大於淨值時就稱為「溢價」，相反地，如果ETF市價小於淨值則稱為「折

價」。實務上來看，折溢價幅度在1%以內的差距都算合理。

　　然而當ETF的折溢價幅度過大，表示市場出現不理性現象，投資人在買賣時就要特別小心，即使等到標的物反彈或下跌，頂多只是收斂溢價或折價的幅度，還是無法反映所追蹤標的的價值。如果無法反映追蹤的標的，就失去了ETF原本追蹤指數的意義，投資人就更不應該在此時進場。因此買進ETF時，先到投信網站查詢淨值，若為折價則較適合買進，若為溢價，反倒應該採取融券放空策略，賺取日後溢價幅度收斂的獲利。

　　以「富邦VIX」（00677U）為例，溢價幅度從2020年8月一路走升到2020年12月，高達近30%（參圖21-1），融券張數也從七萬多張一路大增至四十多萬張。之所以造成大幅度的溢價，主要是因為這種低價ETF的散戶參與度很高，以致盲目追價。 因此切記，操作ETF時一定要先查詢是否有大幅溢價的情況，相關的市價、淨值、折溢價幅度等資料都可上發行的投信公司網站查詢。

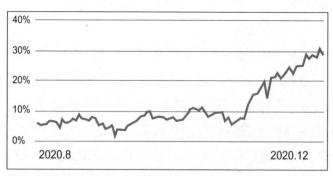

圖21-1　富邦VIX自2020年8月至2020年12月折溢價幅度　　　　　圖片來源：作者提供

22 / 槓桿型ETF的風險很大嗎？

　　台股上萬點時，一位朋友跟我說：「現在位階這麼高，我就買個反向ETF放長期，有一天台股一定會下來。」我一聽驚呼：「這種槓桿型或反向型ETF萬萬不可放長線！」

　　每當台股位階處於高檔時，投資人總是居高思危，開始想投資一些避險標的。就像2020年台股站上萬點後，許多投資人搶著買進「元大台灣50反1」（00632R），還曾一度讓該標的成為全球規模最大的反向型ETF。

　　其實這類型商品對於不會操作期貨或融券放空標的物的投資人來說，的確是另一種投資選項，像是本身沒有在操作期貨但短線看空大盤，認為台股短期內會大跌，這時就可以買進反向ETF；抑或短線看好某標的而想賺取超額利潤，於是買兩倍槓桿型ETF。不過投資這些標的有個前提，應以短線進出為主。

　　原因在於槓桿類型ETF主要是投資期貨，例如「元大S&P原油正2」（00672L）就是投資原油期貨，因為每個月都要結算再換倉，然後轉進新月份的期貨，所以這種ETF的交易成本較高，反應在ETF淨值上就會有所謂的「自動扣血」機制。假設

油價一年都沒變動，但ETF在這一年中會持續換倉買進，淨值自然就會減少。也就是這類型ETF即使標的物的價值不變，但會隨著時間及高成本的管理費而稀釋掉淨值。

買賣這種反向或槓桿型ETF，務必抱著避險需求心態操作，千萬不要做長線投資，建議持有時間最長不要超過一個月。

另外再次提醒，投資ETF之前先到發行的投信公司官網查詢基金淨值；很多投資人對於ETF的狂熱常常是媒體一報導，就盲目蜂擁買進，導致淨值溢價幅度過大。當價格已經偏離淨值過多，即使該檔ETF投資標的漲了，也會因為溢價幅度過大，股價反而沒有波動或下跌。

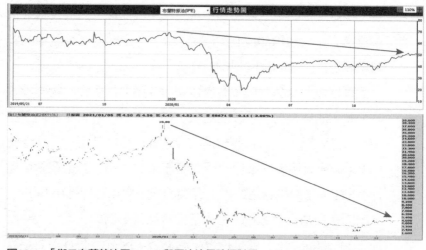

圖22-1　「街口布蘭特油正2」ETF與原油油價跌幅對照　　　圖片來源：XQ全球贏家

以「街口布蘭特油正2」（00715L）為例（參圖22-1），
2020年初油價從70美元一路跌到年底的50美元，下跌了約
28%，但這檔ETF在這段期間從28元下跌了近84%，剩下4.35
元。如果要再漲回到28元，那麼油價得從現在的50美元漲到
150美元才有機會，而不是漲回到原本的70美元。這就是槓桿
型ETF自動扣血讓淨值減少的特性，不適合長線操作。

想要穩定配息，如何擬定債券ETF操作策略？

對於想要追求低風險且穩定報酬的投資人來說，債券是一個很好的選擇，但投資門檻較高，通常都要百萬元起跳，這時「債券ETF」就是一個很好的選擇。

全球處於低利率環境下，資金積極湧入債券ETF，到2019年底，台灣債券ETF的發行規模高達1兆3,398億元，發行檔數多達百檔，大致分為「美債」、「企業主題債」、「新興債」、「高收益債」、「投資等級債」等幾種。

面對眾多債券型ETF，我們究竟該如何選擇？以下提供幾個投資重點：

一、長線持有：由於債券的波動性比股票來得低，追求的是能夠穩定配息，因此以長期持有為佳。

二、留意流動性：有些債券ETF的交易量偏低，因為主要籌碼都集中在一些法人手中，因此流動性通常比較差。例如有些債券型ETF的每日成交總量小於一百張，這種ETF應該避開。

三、風險分散：如果單純投資債券，面臨違約風險時很可

能拿不回本金，但透過債券ETF等於一次買進數十家公司的債券，如此就能有效分散投資風險。

而投資債券ETF最關心的就是配息率。風險與報酬是相對的，想要配息率高的債券，信用評等自然較低且到期日較長；而配息率低的債券則信用評等高，違約機率較低。所謂「違約」，是指債券發行的主題無法履行債券協議的行為，也就是沒錢還債。有關各類型債券發行的主體違約率，參表23-A。

表23-A　各類型債券ETF違約機率一覽

債券類型	高收益債 ETF	新興市場債 ETF	投資等級債 ETF	公債 ETF
違約機率	最高	稍高	較低	非常低
配息率（估）	5%~6%	4%~5%	3%~4%	1%~2%

因此在債券型ETF的操作上，建議可以採取不同的比重配置，像是違約機率最低的公債型ETF占40%的資金，投資等級債ETF占30%，新興市場債占20%，違約機率最高的高收益債ETF占10%，這樣整體的配息率大約有3.1%，而違約機率透過分散布局也適當降低了。當然還是可依投資人的風險屬性進行靈活調整，如果不想承擔太多風險，可提高公債ETF比重，如果想多賺點配息，則可把高收益債ETF的比重提高一些。

ETN是什麼？
和ETF有何差別？

　　ETN是近幾年興起的投資商品，由於同樣追蹤指數，很多投資人往往把它和ETF搞混了，但本質上是完全不一樣的。ETN的全名是Exchange Trade Notes，中文叫做「指數投資證券」，指的是證券商發行了一檔債券，該債券的市值會與某一個指數連結，像是期貨商品、證券指數、VIX等，最後當該債券到期時，證券商會以該指數的總報酬給予相對應的金額買回。

　　以「富邦特選蘋果N」（020000）為例，發行日是2019年4月17日，到期日是2029年4月29日，為期十年，追蹤的指數是「台灣指數公司特選大蘋果報酬指數」，這個指數是自美國蘋果公司最新公布的供應商名單中，挑出台股裡符合財報、流動性等條件的前十大個股。根據2020年11月30日的統計，最新一期名單包括大立光（3008）、台達電（2308）、台積電（2330）、日月光投控（3711）、可成（2474）、鴻海（2317）、廣達（2382）、國巨（2327）、和碩（4938）和光寶科（2301）。假設十年後到期時，這些指數成分標的漲幅是100%，持有該檔ETN的投資人也將享有100%的報酬。

乍看之下，ETN好像與ETF相當類似，但其中有許多差異，像是ETF沒有到期日，但ETN有；ETF有實際買進股票追蹤，但ETN沒有；ETF會有指數追蹤的誤差，但ETN沒有實際買進股票，所以沒有追蹤誤差；ETF有管理費用，但ETN沒有，所以相對來說，ETN的交易成本更低。

而這兩項商品最大的差異在於「信用風險」。由於ETN並沒有實際買進追蹤指數的標的，它就像債券一樣是用發行券商的信用來籌資，一如證券龍頭元大證券憑藉著大眾認為它不會倒閉，這就是證券發行商的信用。其實本質上有點像是和券商對賭，也就是萬一發行的券商出現財務問題，持有ETN的投資人可能面臨很大的風險。

此外，ETN會有強制贖回的情況，可能在指標價值漲幅或跌幅超過50%時執行，因為有可能因為漲幅過大，券商不堪虧損而強制執行；也有可能因為跌幅過大而達到強制贖回條件，投資人就只能認賠無法繼續持有。關於ETF和ETN的比較，參表24-A。

表24-A　ETF和ETN之比較

	ETF	ETN
發行商	投信	券商
到期日	無	有
追蹤指數	有	有
管理費	有	無
實際買進標的	有	無
信用風險	無	有
強制贖回機制	無	有

為什麼主題型ETF的風險比較高？

　　科技發展日新月異，近幾年出現許多以科技產業為主的主題型ETF。這類型商品和一般追蹤大盤指數的ETF不同，大盤指數型的ETF就是很被動的商品，純粹追蹤指數布局成分股，而科技產業主題式的ETF由於具有明確性且投資範圍限定，反而比較像是非被動型的商品，卻又有積極策略布局的概念。

　　這類型的商品比較適合對科技產業陌生或對單獨選股有障礙，但又看好這些產業前景、想在產業起風時跟上風潮的投資人；又或者本身就想投資某一檔個股，但基於風險分散的概念，所以選擇了這種主題型ETF。

　　2020年以來，便有多家投信發行了5G題材的ETF，像是「元大未來關鍵材科技ETF」（00876）、「元大全球未來通訊」（00861）、「國泰台灣 5G＋ETF」（00881）、「復華中國5G」（00877）等。就目前的時間點來看，與5G產業相關的個股展望性都很樂觀，但我們也知道，科技發展變化快速，現在熱門的產業不保證未來一定好，甚至有人喊出6G的技術，而這些持股還集中在5G相關企業，如果最後5G沒有如市場預期

帶來龐大商機，這類型ETF面臨的挑戰與風險自然比較高。

另外像是「統一FANG＋ETF」（00757）所追蹤的尖牙股指數，成分股僅十檔，相當集中，相對於其他股票型ETF可能分散布局在三十至五十檔個股。由於持股集中，鎖定的都是在美股掛牌的科技龍頭股，像是Facebook、Apple、Amazon、Netflix及Alphabet（Google）等，自2018年掛牌以來，正好遇到美股持續創歷史新高的多頭行情，使得這檔ETF的股價至2020年底已經大漲一倍。潛在風險也要多加留意，像是2020年3月時因新冠肺炎引發的全球股災，美國科技股大幅走跌，這檔ETF在短短一個月內就暴跌了逾30％（參圖25-1）。

所以，主題型ETF的波動性相對較大，看對方向就能獲得更好的利潤，但看錯了恐怕得承擔不小的損失。若想布局這類型商品，一定要持續關注未來發展狀況，並嚴格執行停損停利。

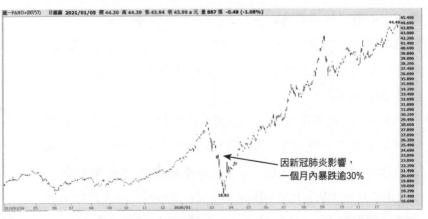

圖25-1 「統一FANG＋ETF」走勢圖　　　　　　　　圖片來源：XQ全球贏家

股票會下市，ETF也會有下市的命運嗎？

投資人可能都聽過買錯股票會變壁紙，但ETF商品給人的印象是相對安全，所以很多人或許從沒想過ETF也會有下市的情況！就像「元大S&P原油正2 ETF」（00672L）不只因為台灣人的愛戴而使得它溢價幅度過大，最後還因為淨值過低（低於2元）而面臨下市。我的朋友也是在原油價格低的時候買了滿手的這檔ETF，他在投資之前完全沒想過會有下市的風險。

由於這檔ETF下市前幾乎是全球規模最大的原油槓桿ETF，當它下市時可說是哀鴻遍野。很多投資人這時候才知道，不是只有買股票會變壁紙，ETF也是會下市的，尤其是槓桿型或反向型ETF，因為淨值波動性比其他ETF來得大，面臨下市的可能性也相對較高。

事實上，2020年包含「元大S&P原油正2」在內，還有四檔ETF下市，分別是「國泰日本正2」（00658L）、「國泰日本反1」（00659R）、「復華美國金融服務業股票」（00767）、「新光ICE美國權值」（00776）。由此可知，反向型或槓桿型ETF下市的風險比其他種類的ETF都高。

那麼，什麼樣的情況下ETF會下市呢？根據發行商的不同，
會有不一樣的門檻標準，基本上可分成「證券投資信託ETF」
與「期貨投資信託ETF」兩大區塊，參表26-A。

表26-A　ETF發行商之下市門檻條件

ETF發行商	ETF類型	下市的門檻條件
證券投資信託ETF	股票型ETF、債券型ETF、REITs ETF	・ETF最近30個營業日的平均規模低於終止門檻。 ・股票ETF的終止門檻一般為1億元，債券ETF為2億元。
期貨投資信託ETF	商品型ETF、VIX ETF、貨幣ETF	・最近30個營業日的平均淨值累計跌幅達90%，或是平均規模低於終止門檻（期貨ETF的終止門檻為5,000萬元）。

　　根據這些門檻條件可以得知，ETF會下市的原因主要是淨值
過低或規模太小。以2020年下市的五檔ETF來看，大多是因為
規模過低，而「元大S&P原油正2」則因淨值過低而下市（參
表26-B）。當ETF落到清算標準時也不是馬上就下市，就程序
而言，發行商必須向金管會申請終止信託契約，在金管會核准
後向證交所申請下市，之後發行商會再發訊公告，所需時間約
一至一個半月。

表26-B 2020下市的ETF

商品	下市時間	下市原因
國泰日本正2	2020.2.4	規模低於1億元
國泰日本反1	2020.2.4	規模低於1億元
復華美國金融服務業股票	2020.5.5	規模低於1億元
新光ICE美國權值	2020.8.1	規模低於1億元
元大S&P原油正2	2020.11.13	淨值低於2元

　　所以投資ETF要避免遭到清算下市，首先要留意規模大小，太小的ETF就盡量不要買，而且通常規模小的ETF之交易量也較小，流動性自然較差。還有更重要的一點是，要時常關注ETF的淨值，如果發現淨值愈跌愈低、幾乎接近下市門檻，就要提高風險意識，千萬不要冒險去摸底搶反彈，少碰為妙。

第四章

財報細細讀

掌握關鍵數字，揪出賺錢好公司

27▶ 企業「護城河」是什麼？

28▶ 財報數據都是過去式，還有參考價值嗎？

29▶ 上市櫃公司財報資訊有哪些？

30▶ 如何從現金流量表看公司營運？

31▶ 「三率」的意義是什麼？

32▶ 本益比真的愈低愈好嗎？

33▶ 為什麼有些公司的股價遠低於淨值？

34▶ 比較特殊的產業如何解讀財報重點？

35▶ 企業進行減資，對股價有影響嗎？

企業「護城河」
是什麼？

　　2007 年，巴菲特在致股東信中指出：「一家真正偉大的公司必須有一條堅固持久的『護城河』，保護它的高投資回報。」巴菲特的護城河理論，有許多相關的書籍報導在探討，它之所以重要，在於任何一家公司有可能隨環境時空改變或新競爭者的加入，而侵蝕了企業的本體利潤。就像曾為無線通信代名詞的摩托羅拉（Motorola），1997年的營收將近297億美元，是全球最大的行動電話銷售商，當智慧型手機取代2G通話的來臨，摩托羅拉的股價也從120美元到2003年跌落至8美元，最後落得被收購的命運。

　　巴菲特的護城河理論是把企業當做城堡，而護城河便是可以抵禦競爭、保護企業利潤不被變異侵蝕的長期競爭力。因此我們用財報數據篩選個股之前，應該更著重於看一家企業的「經濟護城河」，再搭配財務基本面相輔相成，才能找到「具有長期競爭力的公司」。而根據產業特性的不同，企業的經濟護城河又可分為下列四種：

一、高轉換成本：指的是客戶的黏著度高，不容易變心而轉向其他競爭對手。例如蘋果手機的用戶已經習慣iOS系統，要轉用Android系統就會很不習慣，所以果粉的黏著度很高。

二、網路效應：就像是口碑相傳，透過網路效應一傳十、十傳百，讓更多使用者加入。網路使用者的規模愈多，產品的價值就愈高。像是近幾年連銀髮族、政府機關都在使用Line就是如此，隨著周邊使用的人愈來愈多，讓其他沒有使用的人也都加入了。

三、無形資產：主要包括三方面，一是「品牌價值」，即同樣的東西，消費者卻會為了某品牌而願意支付更高的價錢，就像同樣是球鞋，但Nike的球鞋單價就是比較高價，而這就是品牌價值。二是「特殊專利」，以台灣企業來說，專利申請排名第一是台積電（2330），申請數量從2015年連年成長，一家企業若能擁有上千個專利且不斷更新，將更能保護公司免於被取代。三是「特殊許可」，通常指政府授權的，像是有形的土地、石油、砂石、煉油，或是無形的關稅、管制、特許，例如醫藥要有衛生署認證、5G要有競標等。

四、規模優勢：規模經濟愈大，相對分攤的成本就愈低，像鴻海（2317）代工量大，產生的規模經濟使得成本更低，可以提供更廉價的服務與產品。而當規模愈大，不只是成本愈低，還能延伸至範疇經濟（economies of scope），像Amazon已經不只是網路書店，同時販售家電、生活用品等其他物品，消費者在亞馬遜上可以買到更多種類的商品，從原本只有單一商品

衍生出多樣化商品，這就是範疇經濟的表現。

　　當然，規模優勢不只是大規模才有優勢，利基型的小規模市場（又稱小眾市場）有獨占優勢，可以滿足特定需求的市場，像是居家健身品牌廠「派樂騰」（Peloton），結合網紅、健身教練直播，透過飛輪機同步觀看，還可以同時對照其他學員的訓練成果，是一種結合社群概念的健身方式。

　　然而，公司的護城河並不是永遠都牢不可破，像是科技進步取代了原有的商品，這幾年串流影音興起，讓租片業就受到打擊，百視達（Blockbuster）就是因此破產倒閉；或是錯誤的投資決策，像是明基（BenQ）因為併購西門子（Siemens），讓公司虧損慘重，企業元氣大傷。所以，即便現在看起來有護城河保護的企業，在投資時依然要時常關注產業的發展情況，如果發現趨勢出現大轉變，企業的護城河被攻破了，那麼公司的投資價值就要重新評估。

財報數據都是過去式，
還有參考價值嗎？

　　巴菲特說：「只有你願意花時間學習如何分析財務報表，你才能夠獨立地選擇投資目標。」但許多投資人看財報數據總會有些疑問，像是營收、獲利等數據公布出來時都已經是過去式，還能有什麼參考價值？如果單看財報數據，那的確是落後指標，但若能讀懂財報數據，卻能藉此判斷股價的未來走向。

　　一家公司的經營策略會以財報為基礎，為公司的未來進行規畫。台積電創辦人張忠謀先生在一場演講中曾提到：「一個優秀的公司不只是利潤高，還必須具備三要件：高品質的資產和負債、具結構性獲利能力，以及現金要能持續穩定地流入。」可見一家公司的管理層不只要能懂得本業，還需有好的財務觀念，才能帶領公司成為長期具有競爭力的公司。

　　而一家財務健全的公司，股價也會相對穩定。透過財報數據不只能找到具有價值投資的股票，也能預測公司是否會有財務危機。最有名的案例就是在2015年下市的勝華（2384），當時外資分析師在一份報告中指出，公司積極擴張將導致財務危機，建議投資人出清持股。當時勝華公司還大動作於證交所上

傳重大訊息，要對該外資分析師提告。最後果然還是如分析師所言，爆發財務危機而下市。這位分析師之所以能精準預測公司的問題，關鍵就在於他對財務報表的分析。

除了預測未來，財報還會影響到公司股息的發放。追求高成長的公司獲利或許都很高，但因為要併購、擴廠和加速研發等支出金額高昂，股息配發就會較低。相對地，如果公司營收成長率下降，邁入穩定成熟期，就有多餘的錢可以發放給股東。以台積電（2330）為例，1995到2003年因處於積極成長期而未配發股利，2004年之後，公司穩定成熟才開始每年配發股利，到2019年更創台股首例，成為首家季季配息的公司，存股族甚至可以透過財報去預測配息狀況。另外，法人投資機構也會參考財報做投資建議，如此也間接關係到股票籌碼面等影響股價波動的因素。

因此，財報雖然是落後指標，卻是投資人得以預測股價的基礎。

上市櫃公司財報資訊
有哪些？

在股市打滾的老手都知道，財報發表前後是股價波動最關鍵的時間點。假設公司的上季獲利優於原先市場預期，財報發布前的股價沒有漲，發布後就有助於股價反應此利多，隨即反彈上漲；相對地，如果財報公布前的股價已經大漲，發布時的股價不漲反跌，有可能是利多出盡，這時手中持股可以先賣出。

由於股票市場是個資訊不對稱的市場，凡事總有人比你早知道，可能是公司內部人員或會計師。因此若是一家資訊透明度佳的大型公司，長期追蹤公司財報的產業研究員或分析師通常能保守預測下一季的財報。而有些營收獲利成長的企業在財報發布前，股價有時會先行起漲，我們若能清楚知道每月營收、每季財報的公布時間點，在股票操作上將更得心應手。

有關財報的詳細資訊可至「公開資訊觀測站」查詢，同時「年報電子書」（參「年報及股東會相關資料」網頁）會在股東會之後發布，通常在四至六月間，內容涵蓋公司未來的經營展望、產業動態等資訊，對投資人來說蘊藏了很多重要資訊。

企業提供的財報共有三種：

一、月報：每個月公布上個月的營收數據，一年共十二次，揭露企業最即時的營運資訊。

二、季報：每一個季度公布上一季狀況，一年發布三次，包括詳細的損益、現金流量等財務數據，可以清楚了解企業上一季的獲利情況。

三、年報：每年公告一次，以上個年度的營運狀況為主。

至於財報發布的時間，依據不同產業而有不同規定的時間，主要分成四類，包括「一般企業」、「金控業」、「保險業」、「銀行證券票券業」，詳細發布時間參表29-A。

表29-A 各產業財報發布時間

	一般企業	金控業	保險業	銀行證券票券業
月報	每月10日前	每月10日前	每月10日前	每月10日前
第一季季報	5月15日前	5月30日前	4月30日前	5月15日前
第二季季報	8月14日前	8月31日前	8月31日前	8月31日前
第三季季報	11月14日前	11月29日前	10月31日前	11月14日前
年報	隔年3月31日前	隔年3月31日前	隔年3月31日前	隔年3月31日前

*表中日期如遇假日順延。　　　　　　　　　　　　　　　　資料來源：證交所

如何從現金流量表
看公司營運？

「現金」是一家公司能否繼續經營的基礎，像是員工薪資、水電房租、貸款等，都需要現金作為支出。即便是有營收來源的公司，有收入卻不代表一定有現金，因為客戶可能以支票付款，而這筆款項要到下個月才能收到。如果一家公司的現金不夠，營運就會出問題。對投資人來說，要掌握公司的錢實際進出的狀況就得透過現金流量表，這就像是公司的記帳本，可以看出實際的財務狀況，因此又稱為「財務的照妖鏡」。

現金流量表分成三個部分：

一、營業活動現金流量：指公司透過營業活動產生的現金流入或流出，數值為正數時，代表公司的營運狀況不錯，有真正賺錢的實力。

二、投資活動現金流量：指公司透過投資活動產生的現金流入或流出，像是購買廠房、設備、土地等，就會有現金流出，反之亦然。原則上，投資活動現金流若為負數，表示公司正在擴充產能，增加未來的競爭力，我們可以較正面地來解讀。

三、融資活動現金流量：指公司因債務與股東權益所產生的現金流入或流出，像是發放現金股利、償還銀行貸款等會有現金流出；相反地，進行現金增資、發行債券就會有現金流入。

　　而在現金流量表中，我們要關注兩個指標，首先是「淨現金流量」。淨現金流量即「營業活動現金流量」、「投資活動現金流量」、「融資活動現金流量」的總和，這個數據將直接反應公司的錢實際流入或流出的狀況。原則上如果呈現正值是好的，但還要去檢視到底錢從哪裡來。

　　其次是「自由現金流量」，為「營業活動現金流量」、「投資活動現金流量」的總和，如果數值是正數，就會視為公司營運策略是好的。不過要特別留意的是，如果營業活動現金流量為負數，表示這是靠投資活動使得現金流量大幅提高的結果，這時就要小心可能公司正在變賣資產。

　　以文化創意公司「VHQ-KY」（4803）為例，從表30-A可以發現，2014至2019年的每股盈餘（EPS）從原本的3.8元逐年提高，是一家獲利成長的公司，但股價從2018年的高點244元，一路下跌到2020年底波段新低的35.2元（參圖30-1）。明明獲利成長，為什麼股價不漲反跌？原因可能出在現金流量的問題。雖然每股淨現金流為正數，但每股自由現金流卻是負的，代表公司營運狀況並不好，而且每股投資現金流出太多，有過度投資擴張的疑慮，大部分的資金來自於融資現金流，而非營業現金流。

所以，從現金流量表可以看出一家企業EPS的「品質」，就像有些公司儘管EPS很高，但沒有良好的現金流量，這就是EPS品質不好，股價自然不會受到市場買盤的青睞。

表30-A　VHQ-KY 2014至2019年現金流量

	每股營業現金流	每股投資現金流	每股融資現金流	每股自由現金流	每股淨現金流	EPS
2014	2.35	-5.59	13.07	-3.24	9.95	3.8
2015	3.28	-4.61	11.28	-1.33	9.2	4.13
2016	8.98	-26.53	28.93	-17.55	9.65	7.01
2017	0.85	-5.61	-18.78	-4.76	-23.55	10.05
2018	11.63	-2.54	-3.08	9.09	6.27	12.66
2019	-4.53	-11.9	14.65	-16.42	-2.46	11.6

資料來源：公開資訊觀測站

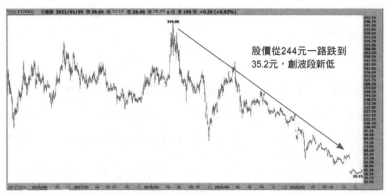

圖30-1　VHQ-KY股價從2018年高點一路暴跌　　　　　　圖片來源：XQ全球贏家

31

「三率」的意義是什麼？

　　投資人經常會在一些法人報告或新聞媒體中看到這樣的文字：〇〇個股「三率三升」，未來成長看好。這三率指的就是「毛利率」、「營益率」、「淨利率」，源自於財報中的損益表，其計算公式及意義如下：

毛利率＝（營業收入－銷貨成本）÷營業收入×100%
　　意義：毛利率的數值愈高，代表公司的產品愈具有競爭力、附加價值高。

　　營益率＝（營業收入－銷貨成本－營業費用）÷營業收入×100%
　　意義：營益率與毛利率的差別，在於營益率已扣除生產產品所耗用的一切成本，當數值愈高，代表成本控制得宜，企業經營是有效率的。

　　淨利率＝（營業收入－銷貨成本－營業費用±業外收入－所得稅）÷營業收入×100%

意義：指公司最終的獲利情況，涵蓋業外的投資損益。

　　舉例來說，假設你開了一家咖啡店，月收入50萬元（營業收入），咖啡豆等原料20萬元（銷貨成本），房租、水電、員工薪資總共10萬元（營業費用），轉投資隔壁麵包店獲得分紅2萬元（業外收入）。三率計算如下：

　　毛利率＝（50萬–20萬）÷50萬×100％＝60％

　　營益率＝（50萬–20萬–10萬）÷50萬×100％＝40％

　　淨利率＝（50萬–20萬–10萬＋2萬）÷50萬×100％＝44％

　　由此可知，當一家企業的財報數據顯示三率三升，代表企業的產品競爭能力提高、成本控制得宜、經營有效率且最終整體獲利成長。若以價值投資的角度來看，這樣的公司是值得投資的，股價上漲機率也較高。

　　再以「大立光」（3008）為例。2012至2017年的毛利率從41.67％上升到69.36％，營益率從39.3％成長到60.41％，淨利率從27.81％來到48.89％（參表31-A），在三率三升的獲利結構好轉帶動下，獲得外資的買盤認同，持股的水位從2012年的29％，到2017年高達50％，買超張數逾三萬張（參圖31-1），進而推升了大立光的股價從451元飆漲到6,075元，大漲了超過十倍（參圖31-2）。

表31-A 大立光2012至2017年的三率

	2012	2013	2014	2015	2016	2017
毛利率（%）	41.67	47.25	53.52	57.38	67.11	69.36
營益率（%）	33.87	39.3	45.99	49.5	57.73	60.41
淨利率（%）	27.81	35.03	42.43	43.24	47.02	48.89

資料來源：公開資訊觀測站

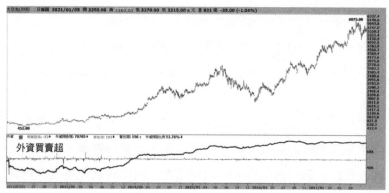

圖31-1 大立光三率三升，外資一路買超　　　　　　　　圖片來源：XQ全球贏家

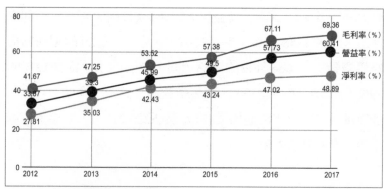

圖31-2 大立光五年股價飆升超過十倍　　　　　　　　圖片來源：作者提供

32

本益比真的愈低愈好嗎？

本益比（Price-to-Earning Ratio）通常是用來快速評估一家公司的股價是否合理，計算公式為「股價÷EPS（年）」。假設A公司股價100元，EPS10元，本益比就是十倍；B公司股價200元，EPS10元，本益比就是二十倍。這個數字的意義也可以解釋成：投資A公司只要花十年就能回本，而B公司需要花二十年才能回本。本益比的數字愈小，代表買進該股股價就愈便宜，也愈快回本。

但這表示本益比愈小愈好嗎？其實不盡然，因為每個產業的本益比基準都不一樣，例如IC設計的「聯發科」（2454），因為未來充滿高度成長性，市場給予的本益比通常比較高（本益比36.5倍），表示投資人願意付更多的錢來買進公司股票。但如果是食品股的「統一」（1216），由於獲利狀況比較平穩，市場給予的本益比就會比較低（本益比18.9倍）。因此，不同產業的平均本益比會有所不同，也常被用在同產業間做比較時的篩選數據。

對於獲利穩健的公司，可以利用本益比河流圖來推估股價是

高估或低估進行買賣操作；本益比河流圖是依據最近四季的EPS，計算出不同倍數本益比的股價繪製而成。根據企業穩定獲利的特性，當股價接近本益比河流圖下緣時，就可以撿便宜買進，但若股價來到本益比河流圖的上緣，則採取賣出策略。

以國內整流二極體龍頭廠「台半」（5425）為例，根據本益比河流圖，當股價接近下緣兩條線附近時，代表本益比偏低、股價被低估，此時可逢低買進；相對地，當股價上漲來到上緣兩條線附近時，代表本益比偏高、股價被高估，反而可以逢高賣出（參圖32-1）。

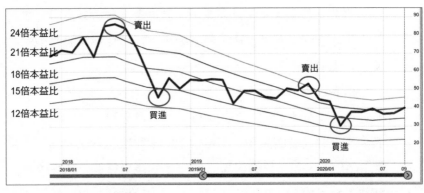

圖32-1　台半的本益比河流圖　　　　　　　　　　　圖片來源：XQ全球贏家

33

為什麼有些公司的股價遠低於淨值？

　　在股票市場中總是希望能夠「撿便宜」，買到價值被低估的個股，但怎樣算是撿到便宜呢？除了從本益比判斷之外，其實還可以從個股的淨值來研判。所謂「淨值」，就是一家公司的資產扣除負債後的價值，理論上就是投資人所擁有的公司價值，實務上常會用「股價淨值比」（P/B）來判斷，計算式為「股價÷每股淨值」。如果P/B值小於1，表示公司股價被低估了。但有些上市櫃公司的股價遠低於淨值，表示這些公司的價值真的被低估了嗎？

　　以兩家面板大廠「友達」（2409）、「群創」（3481）為例，P/B值分別為0.41和0.64，都是遠低於1（參表33-A），可見股價長期處在低於淨值的情況。難道兩家公司的股價都被低估了嗎？觀察P/B值還有幾點要留意：

　　一、未來獲利展望：由於面板產業近幾年來處於虧損狀況，而股價所反應的就是未來展望。如果公司賺不了錢，股價自然表現相對弱勢。

表33-A　兩大面板廠的股價淨值比

個股	股價 （2020年9月30收盤價）	每股淨值	股價淨值比
群創（3481）	9.37元	22.75元	0.41
友達（2409）	11.2元	17.5元	0.64

資料來源：公開資訊觀測站

二、資產的估算： 公司的資產包含廠房、機器、土地、存貨等，要準確預估其價值一定會有誤差，因此計算出來的淨值也僅是會計上的帳面價值，不能代表市場價值。

由此可知，使用P/B值來判斷公司的價值是否被低估會有較多盲點，因此可配合像是本益比、營收等基本面的使用。或者類似金融海嘯這樣的股災來臨時，如果獲利穩定的績優公司股價跌破淨值，此時就可以用撿便宜的角度買進。

34

比較特殊的產業
如何解讀財報重點？

　　多數投資人從基本面挑選股票時，會從毛利率、負債比率、EPS等數據來選股，但金融股就找不到毛利率的資料，連負債比率都異常地高。像是金控龍頭「富邦金」（2881）的負債比率高達90%以上，常聽人說負債比率高的公司很危險，那麼投資富邦金不就風險很高？特別留意的是，由於金融業是比較特殊的行業，因此從基本面檢視金融公司得從不同角度來看。

　　金融業和一般行業不同，不會有製造商品過程中產生的營業成本，因此不會有毛利，我們就不能從毛利率的高低來分析金融產業。再者，金控業主要是靠吸收存款、保費來投資或透過貸放款賺取收益，也就是借錢來賺錢，所以負債比重很高。如果一家金融業者負債比率低，反而表示其業務能力較低，無法靠借錢來賺錢。

　　所以，觀察金融股財報要注意的重點和一般產業有很大的差異，例如逾放比率要愈低愈好，代表公司授信品質較佳，不會有太多呆帳產生。另外，金融業主要是靠資產來賺錢，資產報酬率（Return on Assets, ROA）愈高的公司，表示資產的利用

效率愈好。還要觀察金融業特有的資本適足率,即自有資本占風險性資產的比率要愈高愈好,代表公司的安全性愈高。

除了金融業,新藥產業也是特殊產業。由於新藥公司在研發過程都是燒錢的階段,很有可能處在連續虧損狀態且沒什麼營收可認列,加上倘若研發進度不如預期,要看到獲利可能要等待更久的時間。

因此在操作新藥產業個股的觀念比較不一樣,不能像其他產業個股從營收數據好壞、毛利率變化、本益比等基本面數據來判斷。生技產業的股價所反應的是對於未來新藥研發成功的想像題材,也就是「本夢比」的概念(有夢最美)。以「浩鼎」(4174)為例,2015年時,市場瀰漫著解盲有機會成功的氣氛,使得市場買氣相當強勁,股價一度衝到755元。但隨後新藥解盲失敗,賣壓湧現,股價就此一路走低,跌至58.6元(參圖34-1)。

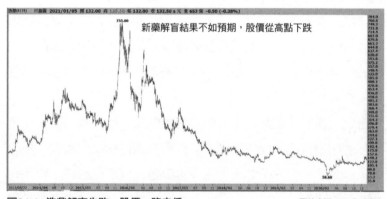

圖34-1 浩鼎解盲失敗,股價一路走低　　　　　　　　圖片來源:XQ全球贏家

當然，一旦新藥研發成功，股價飆漲也是相當猛烈。像是「合一」（4743）旗下研發的糖尿病足慢性傷口潰瘍新藥ON101，完成了三期臨床試驗，是目前全世界唯一在三期試驗中高達六成的完全癒合率，相較於對照組有顯著的差異。在此利多激勵下，合一的股價從19.4元低點一路飆漲至476.5元，大漲超過二十倍（參圖34-2）。

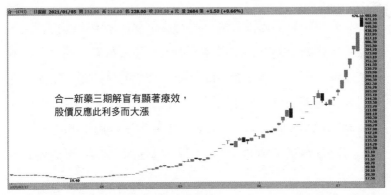

圖34-2　合一新藥完成三期臨床試驗，股價飆升　　　　圖片來源：XQ全球贏家

投資新藥股有點像在買樂透，因為公司高層自己都不敢保證未來新藥產品研發一定能成功。因此投資新藥產業個股時，由於風險相對較高，建議投入的資金比重不宜太高。

企業進行減資，對股價
有影響嗎？

　　一家公司如果要擴張營運，可以透過現金增資來籌措資金，但如果想要減少並收回流通在市場上的股票數量，則可利用減資來達成。顧名思義，減資就是減少公司的資本額，讓流通在外的股票數量減少。舉例來說，假設公司的資本額本來是10億，減資50%就剩下5億，那麼原本握有十張股票的投資人，手上持股就會減少50%，變成五張，但公司股價也會變為原來的一倍。

　　有些投資人一聽到減資就很緊張，覺得自己虧大了，買十張變成五張。其實公司即使經過減資，整體的市值還是不變的，只是把你原本持有的股票強制換成現金退回給你。這有點類似除權息的概念，如果投資人持有的股票即將減資，就會收到一張減資通知書，上頭會有公司減資後的參考價計算。

　　投資人最常有的疑問就是：減資對公司好不好？股價會漲還是跌？我們常看到當企業宣布減資，有時股價以利多反應而大漲，有時卻是下跌，其實這主要得從企業為什麼要進行減資來判斷。一般來說，減資的原因大致分成三種，不同型態的減資

意義也不同，所以股價的反應都不一樣。

一、庫藏股減資：即公司在市場上買回庫藏股，再註銷達到減資的目的。企業會進行這樣的減資動作，通常是基於下列幾點因素：有可能是怕被惡意併購，因此利用庫藏股的方式買回市場上的股票，以提升股權並穩固公司經營權的地位；也有可能是大股東質押借款，結果股價走跌造成維持率太低，有斷頭的風險，所以期望透過庫藏股減資來提高股價。

二、彌補虧損減資：因為公司長年虧損的關係，利用減資來彌補虧損、改善財務結構，可以讓每股淨值提升，避免成為全額交割股[3]（如果公司每股淨值低於5元，就有可能被列為全額交割股）。公司會這樣做，代表有企圖心要改善，營運有機會出現轉機，這時就看市場是否認同這個做法。原則上，在減資之前，彌補虧損的減資動作對股價沒有太大的加分作用，關鍵要看減資過後的公司營運狀況是否改善，如果大幅度好轉，股價反而在減資過後有機會上漲。

三、現金減資：由於公司帳上現金太多，短期內找不到好的投資機會，與其讓這些資金閒置，不如退還給股東。這類型的減資比較受投資人喜愛，一則因為一家賺錢的公司採取減資方式退錢給股東，很像在配發股利，而且減資收到的資金還不用

---

3 全額交割股，指的是買賣股票交易金額必須先準備好才能交易。由於交易過程會變得很麻煩，降低了投資人買賣的意願。

課稅；二是減資後的公司股本會變少，假設獲利不變，EPS就會提高，對於股價也有正面的助漲效果。

以IC設計廠「敦泰」（3545）為例，公司為了改善財務結構，於是進行現金減資29.9%。2020年10月14日是減資前的最後交易日，當天收盤價為33.5元。新股交易日為10月26日，開盤參考價為43.55元，所以K線圖上會有減資造成的跳空缺口（參圖35-1）。可以明顯發現，投信在減資前都沒有進場布局，減資後投信的買盤開始進場，這就是企業在現金減資後受到市場認同的結果。由於營收表現不錯，獲利有望同步成長，減資後的股本雖然變小，整體EPS將顯著提高，來自於投信法人的買盤，推升了敦泰的股價，在減資後開始上漲。

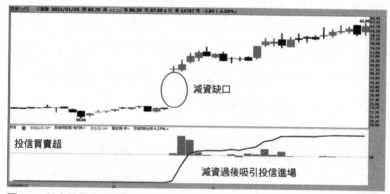

圖35-1 敦泰股價在減資後上漲　　　　　　　　圖片來源：XQ全球贏家

第五章

看盤簡單學

活用技術指標，新手也能變高手

36▶ 技術分析指標這麼多，哪一個最好用？

37▶ K線怎麼判斷？

38▶ 股價底部型態有哪些特徵？

39▶ 常見的頭部型態有哪些特徵？

40▶ 如何使用KD指標找買賣點？

41▶ 如何使用MACD指標判斷多空趨勢？

42▶ 什麼是均線多頭／空頭排列？該如何判讀？

43▶ 如何使用DMI指標判斷大行情？

44▶ 如何使用RSI指標掌握背離買賣點？

45▶ 如何利用CDP指標掌握當沖買賣點？

技術分析指標這麼多，
哪一個最好用？

　　常看到許多散戶投資人，一大早開盤就坐在證券營業所的大廳，看著滿滿電視牆的股票報價，只評斷著價格和成交量就決定股票買賣。但這樣的方式太過主觀也太虛無飄渺，因為都是透過「感覺」來決策，像是：「那支股票最近『好像』跌太多了，應該可以買。」「這支股票我『記得』昨天漲太多了，先賣再說。」事實上，如果能透過技術分析，將原本看到的零散數字系統化，經過統計後的數據就能更快速且客觀地幫助我們判斷買賣時機。

　　然而，市場上的技術分析那麼多，到底哪一種最準、最不容易失真呢？其實技術分析的種類就像武俠小說中不同派別的武功，各門各派的功夫都有特點，沒有誰的武功是最強的。所以我們在學習技術分析時，不是要去找出哪個指標最好、最準，因為每一種技術指標都有優點和盲點，關鍵是要找出最適合自己的。

　　例如使用的看盤軟體中就提供非常多種技術指標，大概可以分成下面幾類：

一、量能類型的指標：包括成交量、OBVVR、TAPI等。

二、價格趨勢為主的指標：包括KD、MACD、RSI、DMI、威廉指標、心理線、DMI等。

三、關於籌碼面的數據：包括融資、融券、券資比、三大法人的買賣超、內外盤量、借券餘額等。

四、市場類型指標：包括騰落指標、漲跌停家數、漲跌家數、ADR、OBOS等。

五、其他：包括型態學、波浪理論、K線型態等不同技術學派理論。

以上這些技術指標都各有特色，有些適合短線、長線的操作，有些可以輔助判斷趨勢方向，投資人可依據自身的操作習性，尋找適合自己的技術指標。

但是不是只要學會技術分析，在股市就無往不利？任何一種技術分析都會有盲點，畢竟這是透過過去的股價數據去預測未來的走勢，終究只是一連串的統計數據，無法百分之百地精準預測。像是當市場突然發生重大事件時，過去的統計數據就會和市場正在發生的現況脫鉤，例如2011年的美債風暴、2018年的貿易戰風暴，這些突發性事件導致技術分析失真而不適用。但一般來說，我們還是可以利用技術分析來輔助判斷股價未來的趨勢，記住是「輔助判斷」而不是絕對，當技術型態脫離常軌時，嚴格執行停損才是最重要的。

37

K線怎麼判斷？

　　K線是技術分析的基礎，據傳是由日本「市場之神」的本間宗九發明的，由「開盤價」、「收盤價」、「最高價」、「最低價」四種價位組成，當初為了記錄米價的變化，把米價一整天的走勢用一根K棒呈現，後來廣泛流傳並應用於股票、外匯、債券等金融市場。

　　股票在開盤時間，每分每秒都有成交價，這些資訊量十分龐大又雜亂，但利用K線就能快速簡單地統整過去股價的高低走勢，然後再將某段時間內的K線綜合起來，橫軸是時間，縱軸是價格，就成了常見的「K線圖」。其中記錄一天股價的是「日K」、一週股價的是「週K」，最短的K線還有短線當沖交易常用的「一分K」、「五分K」。

　　透過一根K棒，我們就可以有四個股價訊息，進而再利用顏色來加強股價的強弱訊號。在台灣股市，如果收盤價高於開盤價會以紅K線表示，相對地，如果收盤價低於開盤價就用黑K線表示。許多技術分析就是透過這些K線的不同排列方式，解讀市場目前的多空變化，再藉由K線歷史資訊歸納出一個邏輯

或慣性形成技術指標，這就是常用的K線技術型態分析。

接著，透過圖37-1來說明K線的種類：

紅K：指收盤價高於開盤價。紅K實體愈大，代表多方（買方）勝出。當天買氣愈強。

黑K：指收盤價低於開盤價。黑K實體愈大，代表空方（賣方）勝出，當天賣壓愈重。

上影線：表示壓力的力道，如果上影線愈長，代表空方力道越強賣壓愈重。

下影線：表示支撐的力道，如果下影線愈長，代表買方力道越強支撐愈強。

十字線：如果當天K線實體長度愈小，甚至收盤價和開盤價一樣，代表多空交戰劇烈，勢均力敵。

了解K線是如何畫出來之後，依據K棒實體大小、上下線影線長度的不同組合可以初步分為下列幾種型態：

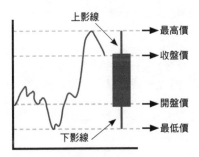
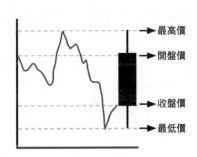

圖37-1　K線種類與意義

K線型態	涵義
實體紅K	最低價＝開盤價，最高價＝收盤價，沒有上下影線，當日走勢開盤後一路走高且收在最高價，顯示強烈的多方（買方）訊號，尤其出現在底部時，更具備轉折（即股價趨勢由原先的上漲走勢轉為下跌，或者原先是下跌的走勢轉為上漲）。
實體黑K	最高價＝開盤價，最低價＝收盤價，沒有上下影線，當日開盤後一路走低到收盤，顯示賣壓相當沉重。
下影線紅K	多方（買方）氣勢比實體紅K略弱，帶下影線，表示股價盤中一度跌破開盤價，但買盤隨後推升股價，收在最高。
下影線黑K	空方氣勢相較實體黑K略弱，最後收盤時還有一些買盤支撐，不讓股價再破當天的低價。
上影線紅K	盤中股價上漲走高，但尾盤無法收在當日最高價。不過整體而言，多方（買方）氣勢仍然很強。
上影線黑K	盤中多方（買方）推升股價走高，但仍然不敵空方（賣方）的賣壓打擊，導致尾盤收在最低。

上下影線紅K	 	多空雙方在盤中交戰劇烈，最終尾盤收盤價高於開盤價，多方（買方）勝出。
上下影線黑K	 	多空雙方在盤中交戰劇烈，不過尾盤空方（賣方）略勝一籌，收盤價低於開盤價。
十字K	 	多空力道勢均力敵，最終收盤價等於開盤價，盤中雙方互有攻勢，最終平手收場。如果出現在股價經過一波漲幅或跌幅後，有可能是變盤訊號。

　　以通信網路公司「明泰」（3380）為例，股價自24.5元的高點一路下跌至14.05元，隨後出現一根長紅K，通常在股價經過一段大跌走勢後出現長紅K，具有轉折的意義。果然，後續股價展開一波跌深反彈走勢（參圖37-2）。

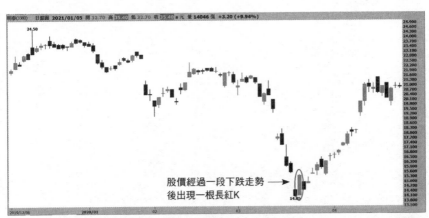

圖37-2　明泰股價跌深後出現一根長紅K，展開反彈　　　圖片來源：XQ全球贏家

再以矽晶圓廠「合晶」（6182）說明。股價在上漲一段走勢後出現了偏空的K線訊號，包括十字K線、長黑K線、長上影線黑K，這些訊號表示股價走勢可能由多轉空。果然在75.6元波段新高後，股價開始向下走低（參圖37-3）。

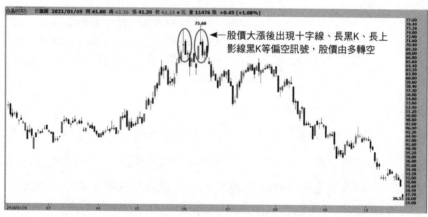

圖37-3　合晶股價走勢出現偏空K線訊號，股價開始走低　　　圖片來源：XQ全球贏家

股價底部型態
有哪些特徵？

技術分析中的型態學，可以簡單想成看圖說故事，也就是根據股價過去一段時間的「圖形樣貌」，再依照歷史統計資料與經驗顯示，藉以推斷股價出現這些型態樣貌後續可能的走向。

那麼，我們如何判斷股價是否處於底部呢？以下是幾種底部型態：

・W底

顧名思義，「W底」就是和英文字母W的字型相似，又稱為「雙重底」。在中間反彈的高點構成的水平線稱為「頸線」，而兩隻腳的高低可以不同，W底型態確認的關鍵就是第二隻腳能夠突破頸線關卡（參圖38-1）。

以矽晶圓廠「台勝科」（3532）為例，兩隻腳都落在108元的低點，頸線位置在132.5元，在打出第二隻腳後，股價向上突破頸線，位置轉強，W底獲得確認，股價開始展開反彈（參圖38-2）。

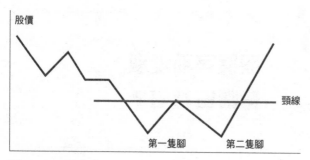

圖38-1　W底型態

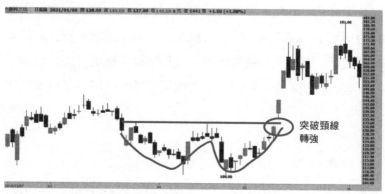

圖38-2　台勝科2018年股價打出W底型態　　　　　圖片來源：XQ全球贏家

・頭肩底

　　和W底部特徵有點雷同，「頭肩底」可想成是有三隻腳的底部型態。中間那隻腳的股價最低（即「底部」），左右腳相對較高，股價在連續下跌中打出了第三隻腳（右腳），而右腳的位置比底部高（參圖38-3）。

　　以散熱模組廠「雙鴻」（3324）為例，底部落在68.5元，頸

線在79.3元，右腳比底部高，而且股價後來突破頸線關卡，即確認頭肩底的型態，顯示股價有機會展開一波反彈行情（參圖38-4）。

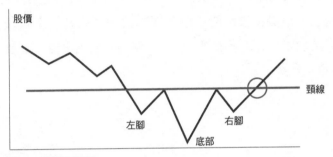

圖38-3 頭肩底型態

圖38-4 雙鴻2017至2018年股價打出頭肩底型態　　　　圖片來源：XQ全球贏家

• V型反轉

股價在持續下跌到相對低點時，突然出現急速上漲反彈，在圖形上呈現「V」字形狀，就是「V型反轉」（參圖38-5）。

實務操作上，如果反彈上漲走勢過程中的成交量也同時放大，就是價漲量增的格局，向上突破頸線創高的機會就很大。

以IC設計大廠「瑞昱」（2379）為例，2020年3月初受到新冠肺炎疫情的利空影響，股價快速下跌到162元，當恐慌性的賣壓消失後，市場恢復冷靜，股價展開快速度彈升，突破頸線238.5元，於是V型底部確認，股價一路向上噴出上漲（參圖38-6）。

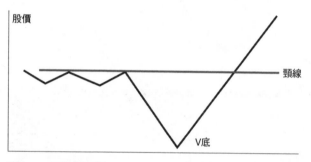

圖38-5　V型反轉型態

圖38-6　瑞昱2020年股價走出V型反轉　　　　　圖片來源：XQ全球贏家

常見的頭部形態
有哪些特徵？

　　買股票最怕套牢在高檔區，如果出現了頭部、形成轉弱訊號，就要趕快賣出。思考的邏輯與第38堂課談到的底部型態剛好相反，以下是幾個常見的頭部型態。

・M頭

　　M頭通常出現在股價已經大漲一段，在高檔時出現兩個高點，分別稱做「左肩」與「右肩」（可以不同高），從兩肩的折返點畫出水平線稱為「頸線」，當股價跌破頸線出現「M」字型，即趨勢轉空的賣出訊號（參圖39-1）。

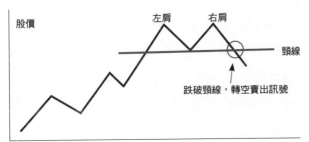

圖39-1 M頭型態

以光電大廠「晶電」（2448）為例，2017年7月股價自27.8元開始起漲，股價在11月底時創下波段新高67.3元後開始向下跌，頸線為52.8元。12月初時，股價跌破頸線，技術型態呈現M型頭部（參圖39-2），操作策略以賣出為佳。

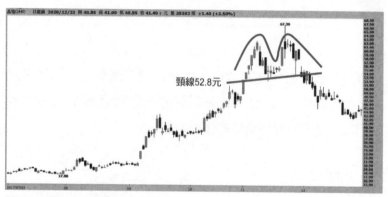

圖39-2　晶電2017年股價走出M型頭部型態　　　　　圖片來源：XQ全球贏家

‧頭肩頂

這是由一個頭部與左右兩肩構成的型態，頭部高於左右兩肩，關鍵在於第三次向上反彈無法越過頭部高點。如果向下跌破頸線，代表前面買進的人都套牢賠錢了（參圖39-3）。接下來，股價面臨的停損賣壓恐怕會導致股價向下修正。

以被動元件大廠「華新科」（2492）為例，在424元、491.5元、431元這三個高點分別形成了左肩、頭部、右肩，股價在跌破頸線後，頭肩頂的頭部型態確認，之後股價展開大幅度的下跌走勢（參圖39-4）。

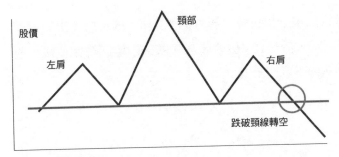

圖39-3 頭肩頂型態

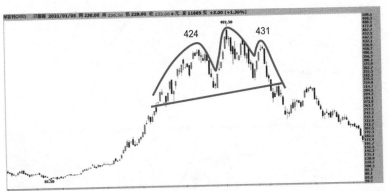

圖39-4 華新科2018年股價走勢形成頭肩頂型態　　　　　圖片來源：XQ全球贏家

• 倒V型頂

　　這種型態常發生於股價最後上漲階段，股價急速上漲後出現反轉下跌走勢，類似顛倒的V型，又稱為「A字型反轉」（參圖39-5）。出現這種型態時，通常可以見到股價在高檔出現長黑或帶有長上影線的K棒。

　　以通訊公司「前鼎」（4908）為例，股價創下波段新高65.8

元時，當天出現一根有長上影線的黑K棒，隨後股價出現連續性的黑K下跌，於是倒V型態確認。跌破頸線關鍵價位後，股價就持續弱勢下跌（參圖39-6）。

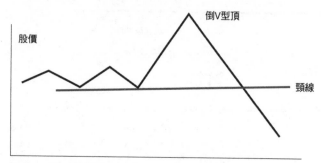

圖39-5 倒V型頂型態

圖39-6 前鼎2019年股價倒V型態　　　　　　圖片來源：XQ全球贏家

如何使用KD指標
找買賣點？

　　KD指標是由美國技術分析大師喬治・萊恩（George Lane）在1957年研發出來的，是目前市場上相當流行的技術指標之一。KD指標的觀念邏輯是假設當股價處於上漲走勢，收盤價會往當日最高價邁進，而處於下跌走勢時，當日收盤價會往最低價靠近，所以KD指標計算的數據涵蓋了近期最高價、最低價及當日收盤價。

　　KD指標可以靈敏地反應出近期價格的變化，主要提供投資人判斷股價趨勢強弱，抓住多空的轉折時機，並透過K、D兩條線的交叉變化，判斷個股的買賣契機。

　　KD數值介於0到100之間，根據數值的大小而有不同的解讀意義：

　　・KD兩條線在80以上定義為「超買區」，表示股價有漲多休息的可能。

　　・KD兩條線在20以下定義為「超賣區」，表示股價有機會跌深反彈上漲。

K值可以視為日常的波動，因此價格波動比較敏感，又稱為「快線」；D值可以視為週期比較長的趨勢，所以會比較穩定一點，又稱為「慢線」，我們可以從K線與D線的交叉變化，判斷股價的多空狀態（即買進、賣出時機，參圖40-1）：

・**買進時機**：當紅色K線向上穿越黑色D線（在20以下），又稱為「黃金交叉」。
・**賣出時機**：當紅色K線向下穿越黑色D線（在80以上），又稱為「死亡交叉」。

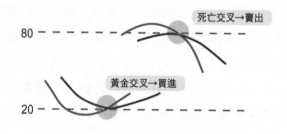

圖40-1　KD交差變化與買賣時機

以IC載板廠「景碩」（3189）為例，在57元波段新高的時候，KD指標位在80以上，呈現股價漲多過熱訊號。隨後K線跌破D線，出現死亡交叉的賣出訊號，股價隨後一路下跌至30.3元時，KD指標在20以下，表示股價已經有超跌跡象，隨後K線向上穿越D線為黃金交叉，股價從30元開始向上反彈。

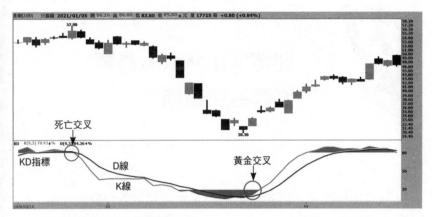

圖40-2 景碩2020年股價走勢

圖片來源：XQ全球贏家

如何使用MACD指標
判斷多空趨勢？

　　MACD指標的運用邏輯，是利用短期與長期的移動平均線收斂或發散的徵兆，來判斷股價的趨勢多空與買賣點，它是由DIF（差離值）與MACD（Moving Average Convergence/Divergence，指數平滑異同移動平均線）這兩條線構成；DIF又稱「快線」，可以解讀成「短線上股價趨勢變化」，MACD又稱「慢線」，可以解讀成「中長期股價趨勢方向」。

　　根據DIF與MACD所處的位置，可以判斷股價的多空格局：

　　‧當DIF與MACD都位於零軸之上，視為多方趨勢；
　　‧當DIF與MACD都位於零軸之下，視為空方趨勢。

　　而從DIF與MACD這兩條線的變化，就可以抓住買賣時機（參圖41-1）：

　　‧**買點**：紅色DIF線（快線）由下向上穿越黑色MACD線（慢線），為買進訊號。

．**賣點**：紅色DIF線（快線）由上向下穿越黑色MACD線
（慢線），為賣出訊號。

　　再來看看圖41-1中的柱狀體，這是由DIF與MACD相減而
成。柱狀體的大小代表多空能量，紅色柱狀體愈長，表示買氣
愈強，反之亦然。

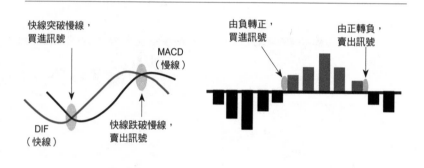

圖41-1　從MACD看買賣時機

　　以IC載板「南電」（8046）為例，用圖41-2說明如何利用
MACD掌握買賣時機：

　　A點：紅色DIF線（快線）在零軸之下由下向上穿越黑色
MACD線（慢線），表示股價趨勢有機會由空翻多，為買進時
機。紅色柱狀體愈來愈大，顯示買氣強勁，股價開始上漲。

B點：紅色DIF線（快線）由上向下跌破黑色MACD線（慢線）為賣點，不過兩條線都在零軸之上，是多方趨勢，表示股價屬於漲多休息訊號。

　　C點：紅色DIF線（快線）再度向上穿越黑色MACD線（慢線），可以再次加碼買進，隨後股價一路上漲至147.7元。

　　D點：紅色DIF線（快線）跌破黑色MACD線（慢線），而且黑色柱狀體愈來愈長，表示賣壓相對較大，可以先行獲利減碼。

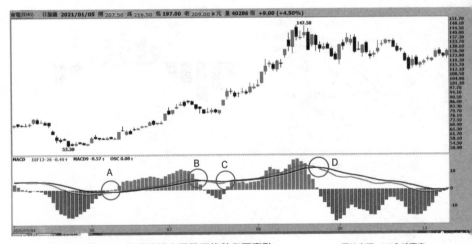

圖41-2　從MACD指標解讀南電股價趨勢和買賣點　　　　　圖片來源：XQ全球贏家

什麼是均線多頭／空頭排列？該如何判讀？

　　均線代表過去一段時間的平均成交價，計算時間區間的長短又可分為「5日均線」、「10日均線」、「20日均線」等，透過這些短、中、長期均線的排列順序，可以清楚知道目前股價處於看漲還是看跌態勢。

　　舉例來說，假設A股票近十個交易日的收盤價分別是15、16、17、18、19、20、21、22、23、24，均線價的算法如下：

　　5日均線價＝（20＋21＋22＋23＋24）÷5＝22

　　10日均線價＝（15＋16＋17＋18＋19＋20＋21＋22＋23＋24）÷10＝19.5

　　其他均線價以此類推。

　　以短、中、長期來區分，5日、10日均線為短期均線，20日、60日均線為中期均線，120日、240日均線為長期均線。所謂「多頭排列」，就是指5日均線在10日均線之上，接著是20日均線、60日均線、120日均線和240日均線（參圖42-1）。

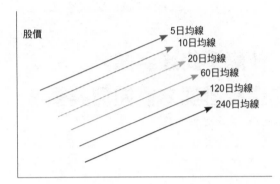

圖42-1　多頭排列

當一檔股票呈現多頭排列時，短期買進者的平均成本會高於中長期者，表示市場投資人有意追高買進，多方（買方）氣勢強勁，此時股價通常有機會走出一波多頭行情。以視訊技術公司「圓剛」（2417）為例，2020年6月的均線架構向上發散為多方排列，股價從10多元一路大漲至72元（參圖42-2）。

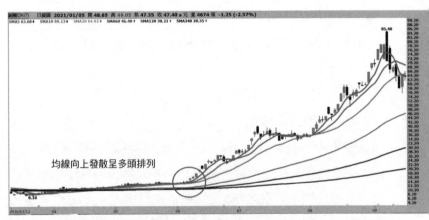

圖42-2　圓剛2020年6月均線呈多方排列，股價暴衝　　圖片來源：XQ全球贏家

既然有「多頭排列」，就一定也會有「空頭排列」，均線排列順序正好與多頭排列相反，由下而上依序是5日均線、10日均線、20日均線、60日均線、120日均線、240日均線（參圖42-3）。

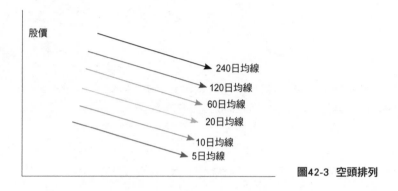

圖42-3　空頭排列

　　當股價均線型態呈現空頭排列時，表示目前大部分的投資人都處於虧損套牢狀態，面臨到相當重的停損賣壓，同時會影響到其他投資人進場買股的意願，股價可能將持續下跌。以煉油公司「台塑化」（6505）為例，股價均線型態在2020年1月中之後轉為空頭排列，隨後股價自94元開始一路走低，跌至67.5元（參圖42-4）。

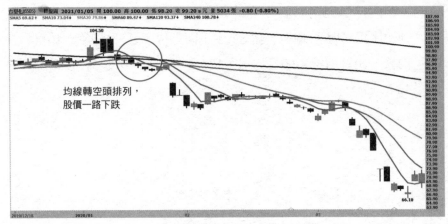

圖42-4 台塑化2020年1月均線呈空頭排列，股價暴跌　　　　圖片來源：XQ全球贏家

43

如何使用DMI指標判斷大行情？

DMI（Directional Movement Index）指標又稱為「趨向指標」，適用於中長期波段操作使用，可以幫助我們判斷現在處於盤整[4]階段還是波段大行情即將來到。股價究竟向上噴出還是向下破底，都可以透過DMI來掌握。

DMI由三條線組成，分別是正DI、負DI和ADX。正DI可視為多方訊號、負DI可以視為空方訊號，ADX代表趨勢的強弱，透過這三條線的變化，可以判斷目前是多方勢、空方勢還是盤整。

• **多方／空方訊號**：當ADX數值在25以上，代表趨勢行情就要來了，如果這時正DI大於負DI，就是機會向上走升的買進時機；但如果是負DI大於正DI，代表空方力道比較強，表示空方波段下跌訊號出現，這時是賣出的時機。

4　盤整格局，指股價走勢沒有明確上漲或下跌的方向，像是在一個箱型中，既漲不上去也不跌破，所以又稱為箱型整理。

‧ **盤整訊號**：ADX小於25時，代表沒有大行情的機會，走勢會偏於整理。如果同時見到ADX落在正DI、負DI兩條線之下，那麼股價橫向整理的機會更高，此時建議不要急著進場，靜待明確訊號出現再行動。

‧ **反轉訊號**：當波段行情走了一段之後，總會有反轉的時候，無論是大漲過後的休息拉回或下跌一大段後的跌深反彈，當看到ADX從上升格局轉為下降時，就是行情可能反轉。

以IC設計業者「立積」（4968）為例，2020年10月時，橘色的ADX線值小於25，且落在正DI、負DI值之下，很符合盤整訊號條件，所以可以看到10月的股價都在狹幅整理。到了2020年11月初，ADX線開始走升，來到25以上且正DI大於負DI，伴隨ADX線愈走愈高，表示趨勢行情明確。果然，股價從224元低點一路上漲至360元（參圖43-1）。

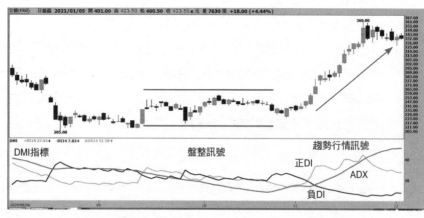

圖43-1　立積2020年10月股價的DMI指標　　　　　　　　圖片來源：XQ全球贏家

如何使用RSI指標
掌握背離買賣點？

　　RSI（Relative Strength Index）又稱「相對強弱指標」，係透過一段期間的平均收盤上漲／下跌次數，分析市場買賣雙方力道的強弱。RSI值介於0至100之間，以中間值50為分水嶺，當RSI值大於50視為多方市場，數值愈大代表買方力道愈強；當RSI值小於50視為空方市場，數值愈小代表賣方力道愈強。

　　那麼該如何判讀RSI呢？

　　一、RSI具有領先的特性，可以提早反應股價反轉的跡象。當RSI值大於80時，表示市場有超買現象，要留意可能漲多拉回；相對地，當RSI值小於20時，表示市場有超賣現象，隨時有止跌回升的反彈力道。

　　二、除了用RSI數值進行高低判斷，還可以配合股價位階一併解讀。如果股價創新高但RSI值沒有創新高，就稱為「牛市背離」，代表轉弱訊號；如果股價創新低而RSI值沒有創新低，則稱為「熊市背離」，代表轉強訊號。

　　三、可以用兩條長短期的RSI變化來找買賣點，當短天期

RSI向上穿越長天期RSI，表示短線上漲動能強，可以買進；當短天期RSI向下跌破長天期RSI，表示短線下跌力道強，可以賣出。

此外要注意的是，由於RSI計算公式為比率性質的指標，數值會介在0到100之間，因此在股價趨勢的判讀上較弱。當股價進入盤整格局時，由於長短天期的RSI容易反覆出現，重複交叉的現象造成訊號過多，不易判斷。

以晶片大廠「聯發科」（2454）為例，從圖44-1可看出，當股價一波下跌來到273元時，RSI值（紅線為短天期6日，黑線為長天期12日）跌到20以下為超賣區（圖中A處），隨時有機會反彈。之後紅線由下穿越黑線，此為買進訊號；然後股價一路走高來到763元，可以發現股價雖然創高，但RSI值並沒有創高（圖中B處，即兩個紅圈標示的高點愈來愈低），這就是牛市背離，暗示股價可能漲多拉回。隨後紅線由上往下穿越黑線（圖中C處），此為賣出訊號，結果股價果然從高檔下跌。

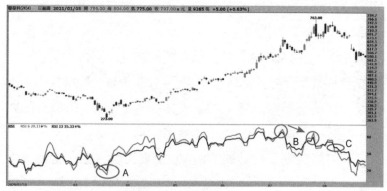

圖44-1　聯發科2020年股價走勢的RSI指標訊號　　　　圖片來源：XQ全球贏家

如何利用CDP指標
抓住當沖買賣點？

　　前面提到的技術分析大多以中長線操作為主，如果投資人想做短線當沖，建議可以利用「CDP指標」。CDP又稱為「逆勢操作系統」，即用前一日的最高價、最低價和收盤價計算當天股價的強弱點分界，總共可以算出五個數值，作為當日短線當沖的參考點。這個技術指標屬於極短線的指標。

　　計算五個數值時，首先算出CDP值，接著計算AH（最高值）、NH（近高值）、NL（近低值）、AL（最低值），算法如下：

CDP值＝（昨日收盤價×2＋昨日最高價＋昨日最低價）÷4

AH（最高值）＝CDP＋（最高價–最低價）

NH（近高值）＝2×CDP–最低價

NL（近低值）＝2×CDP–最高價

AL（最低值）＝CDP–（最高價–最低價）

　　「CDP指標」的關鍵在於當天「開盤價」的位置，因為開

盤價代表當日股價是強或弱的表現，所以開在哪個位置，意義就不同，以下是幾項判斷原則：

一、開盤價在AH（最高值）附近，代表當日盤勢明顯強勢，持續走高的機會很大，可以在AH值附近就可以買進。

二、開盤價在NH（近高值）附近，代表當日盤勢偏於平穩，可以採取逆勢策略，當盤中價位來到AH附近時就可以就可以賣出。

三、開盤價在CDP附近，表示趨勢多空方向不明確，盡量多看少做，因為股價漲跌空間可能不大。

四、開盤價在NL（近低值）附近，表示股價盤勢偏於平穩，盡量多看少做。但當盤中價格來到NL附近時，可以逢低買進。

五、開盤價在AL（最低值）附近，代表當日股價下跌的機率很高，可以在AL值附近的價位放空。

以電源供應器廠商「飛宏」（2457）為例，2020年12月1日當天的開盤價為13.45元，CDP指標的AH值（最高值）為13.28元，按照上述使用CDP指標的策略，開盤價在AH值（最高值）附近，代表當天的趨勢偏多，可以順勢買進多單。果然，當天飛宏的股價開高後就攻上漲停價14.2元（參圖45-1）。

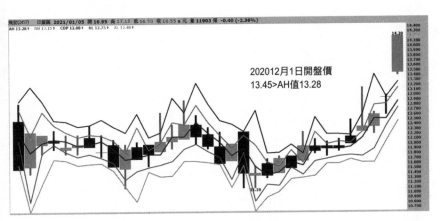

圖45-1 飛宏2020年12月1日開盤價的CDP指標判讀 圖片來源：XQ全球贏家

第六章

籌碼詳詳查

參透籌碼變化，洞悉大戶資金動向

46▶ 三大法人是誰？

47▶ 公司內部人持股比例增加，有利股價上漲嗎？

48▶ 董監設質、解質動作，與股價有什麼關係？

49▶ 外資持續借券賣出，是股價轉弱的警訊？

50▶ 融資使用率高的個股很危險嗎？

51▶ 高券資比個股為何容易有軋空走勢？

52▶ ADR的漲跌會影響股價嗎？

53▶ 如何看出主力的買賣心態？

54▶ 可轉換公司債對股價有什麼影響？

三大法人是誰？

　　「不確定變因襲擾 三大法人賣超台股138億元」、「三大法人賣超台股188億 外資砍台積電、金融股」，我們每天瀏覽的財經新聞經常提到三大法人，還會追蹤三大法人每天的買賣金額、標的，三大法人的買超或賣超隨時撼動著市場，但三大法人究竟是誰？法律上的「人」有「自然人」和「法人」兩種，而在股市中，一般投資人稱為自然人，也就是俗稱的散戶，法人指的是企業機構，根據在股市中的角色又可分為「外資」、「投信」、「自營商」三種，這就是所謂的三大法人。

　　• **外資**：即外國的機構投資者，常聽到的像是花旗、麥格理、里昂等就是外資。外資是三大法人當中資金最雄厚的，通常占台股每日成交金額的30%。比較偏愛布局大型股，且操作的週期比較長線，像是台積電（2330）的外資持股比率就高達76.89%，聯發科（2454）的外資持股比率高達67.4%，鴻海（2317）則有44.63%，這些大型權值股[5]的外資持有比重都很高，影響力自然不言而喻。

‧**投信**：指發行基金的公司，像是元大投信、富邦投信、國泰投信等，旗下發行的國內股票基金就是以投資台股為主。在三大法人中，每日進出的占比相對較低，因為基金每季都有績效排名競爭，所以操作的週期較外資短。比較偏愛中小型股本的公司，因為股價波動度較大。

‧**自營商**：又分為「自行買賣」或「避險」，自行買賣就是國內證券商用公司自有資金操作，由於自營商更追求每日績效表現，投資行為模式最接近一般投資人，所以操作週期是三大法人中最短的。而避險是指當券商發行股票權證[6]時，散戶買進權證後，自營商會到市場上買現股避險。

除了三大法人，還有俗稱的「第四大法人」，也就是政府基金，像是勞退基金、中華郵政儲金、國安基金等，持有台股的市值也很高。不過無法查詢每日進出買賣量，因此市場上常用八大公股行庫（包含合庫、土銀、台銀、台企銀、彰銀、第一金、兆豐銀、華南永昌）的進出買賣，來研判政府基金的操作方向，其鎖定的投資標的主要以大型權值股為主。

如果想知道三大法人的買賣超資訊，可以上「台灣證券交易所」網頁查詢，點選「交易資訊」後，在「三大法人」項目裡會有每日三大法人買賣總金額統計、買賣超個股等詳細資料，當天最新的資訊約在下午三點點過後就會陸續更新。

---

5 台灣加權指數是依照個別股的市值高低而對指數漲跌有不同的影響，因此市值愈大的個股，漲跌對指數影響愈大，所以市值占比高的公司被稱為「權值股」。

6 權證是一種衍生性商品，簡單來說，就是未來可以用特定價格（履約價）買賣股票的一種憑證。

公司內部人持股比例
增加，有利股價上漲嗎？

　　股市裡有句名言：「千線萬線，不如一條內線。」而這裡所謂的「內線」，就是指公司內部人流傳出來的消息。內部人包含董事、監察人、經理人和持股超過10％的大股東（包括配偶和未成年子女，以及利用別人的名義而持有者），他們對於公司未來的接單、營收及獲利甚至危機狀況，都有相當程度的了解。

　　事實上，即使我們沒有「內線」，透過公司內部人的持股比例，也能嗅出一些公司未來發展的端倪，因為當這些站在第一線的人對公司未來前景有信心時，一定會想要提高持股比重。而若董監持股增加，也會帶動投資市場對公司的信心，相輔相成的結果，公司股價自然穩健；反之，如果公司營運狀況不明朗，內部人當然會想要趕緊將股票脫手，總不希望看到手中持股變成壁紙。因此，公司內部人的持股比例是判斷個股的重要方式。

　　• **內部人持股比重提高**：推估公司未來展望樂觀，營收獲利

有機會成長，股價上漲機率高。

‧**內部人持股比重下降**：推估可能有利空消息，股價偏保守觀望，下跌機率高。

若想知道董監事持股餘額明細資料，可進入「公開資訊觀測站」，依序點選「基本資料」、「董監大股東持股、質押、轉讓」，網頁中就會有公司內部人持股明細等相關資訊，像是「持股10%大股東最近異動情況」、「內部人設質解質異動公告、「董監事股權異動彙總」等。

以「圓剛」（2417）為例，資料顯示全體董監持股比重從2020年2月開始逐月增加，從原本17,568張增加至2020年7月的19,138張，結果每月營收果然逐月遞增，從2020年2月的1.93億元大增至2020年7月的8.15億元，同時第一季EPS從只有0.03元，暴增28倍至第二季的0.84元（參表47-A）。由於基本面大幅度成長利多，加上董監持股增加，讓市場多方信心大增，讓股價從3月的低點8.1元一路飆漲到8月底，股價來到70元的波段新高（參圖47-1）。

表47-A　圓剛2020年2月至7月的董監持股比重與營收關係

時間	2020.2	2020.3	2020.4	2020.5	2020.6	2020.7
全體董監持股（張）	17,568	17,738	17,838	18,088	18,088	19,138
持股增減（張）	＋20	＋170	＋100	＋250	＋0	＋1,050
每月營收（億元）	1.93	2.86	3.17	3.24	4.63	8.15

資料來源：公開資訊觀測站

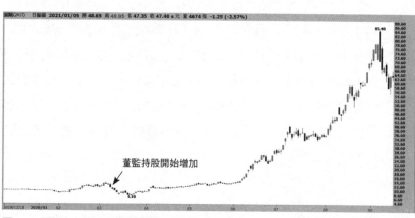

圖47-1　圓剛2020年2月董監持增加，股價一路飆漲　　　圖片來源：XQ全球贏家

董監設質、解質動作，
與股價有什麼關係？

　　前面提到，內部人持股比例會對股價帶來一定的影響，但如果內部人將股票拿去抵押借錢，也就是市場常說的「董監設質」，想必也很容易引發市場聯想而牽動股價行情。根據統計資料顯示，當市場行情不好時，董監設質比例會增加（因為財務壓力增加，透過股票借錢來紓緩財務吃緊狀況）；反之，當市場行情好時，則董監解質（從銀行贖回股票）比例增加。

　　那麼「設質」與「解質」對股價有什麼影響？一般來說，如果董監進行設質，市場對於股價會有比較正面的解讀，因為內部人把股票當做擔保品去向銀行借款，萬一股價下跌，質押的股票就會面臨維持率不足的情況，這時公司可能會透過「實施庫藏股」或「增減資」等方式來挽救低迷的股價。因此可以推估，董監設質對於股價後續發展應該有一定的支撐力道。甚至有一些董監事因為對公司前景充滿信心，想要借錢再投資，於是將設質拿到的資金再買進自家公司的股票，就更有利於推升股價上漲。

　　相反地，如果董監進行解質，對於股價可能比較偏中性解

讀，因為股票解質後，董監就沒有維持股價的壓力，也就不會在意股價的漲跌。加上解質後拿回股票，董監內部人就能進行賣股動作，這也會讓投資人認為比較不利於股價。當董監內部人在股價低檔時做設質後將資金投入買股，等股價高檔時再解質賣股，這時解質後股價下跌的機率就會偏高，如果有察覺到這種喜歡操作自家公司股票的企業，投資人就要特別小心。

在實務應用上，我們可以把董監設質的價位當做支撐參考。以機車大廠「三陽工業」（2206）為例，2020年8月12日董監設質6,300張，當天的收盤價是22.75元（參圖48-1），這個價位就可以視為重要的支撐價，畢竟董監不會希望股價跌破這個價位太深，持有三陽股票的人就可以比較放心抱著。到了11月，股價展開一波上漲行情，日後若發現董監設質的股票解質，便可解讀為股價或許已到了滿足點，董監可能進行賣股，這時投資人手上的股票也可以先獲利下車一趟。

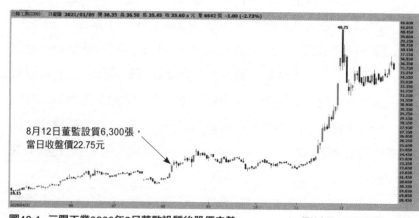

8月12日董監設質6,300張，
當日收盤價22.75元

圖48-1　三陽工業2020年8月董監設質後股價走勢　　　　圖片來源：XQ全球贏家

外資持續借券賣出，
是股價轉弱的警訊？

　　近幾年，外資占台股市值比重逐漸創新高，到了2020年10月已經來到44%，因此如果今天外資大買台股，大盤有很高的機會是上漲，反之亦然。可想而知，外資的買賣進出對台股個股的漲跌具有相當程度的影響。但一般投資人較常注意到的只有外資買賣進出的統計資料，其實外資操作台股除了期貨、選擇權、台股現貨的買進賣出以外，「借券賣出」也是影響股價十分重要的因素，由於外資無法使用融券，想要採取放空策略就會利用借券來操作。

　　許多投資人在選股上僅看到外資現貨大買，便想著只要站在巨人肩膀上投資準沒錯，結果發現，股價竟然不漲反跌，那是因為我們忽略了外資借券賣出餘額增加。第11堂課曾介紹股票借券觀念與操作，而「借券賣出」就是把借券得來的股票在市場上賣出，「借券賣出餘額」則是借券賣出總量的變化。因此，投資人除了觀察外資在現貨的買進賣出外，還應留意外資借券賣出餘額的變化，才能更準確地貼近外資的實際操作。

　　如果外資在個股借券的賣出餘額持續上升，股票進場就要

格外小心，因為後續容易有個股利空消息釋出。當外資看壞且放空個股，往往讓投資市場陷入恐慌，於是投資人紛紛出脫持股，造成股價走跌機率大增。若想知道個股是否有外資借券賣出情形，可上「台灣證券交易所」網站查詢，路徑為「交易資訊→盤後資訊→當日融券賣出與借券賣出成交量值」，或是「交易資訊→融資融券與可借券賣出額度→融券借券賣出餘額」。

以科技大廠「景碩」（3189）為例，股價在2020年8月時還在80元之上，當時的借券賣出餘額約5,600張。隨後借券賣出餘額一路增加（參圖49-1下方的紅色曲線），攀高至兩萬餘張，股價也從80元之上向下跌至65.6元的低點。所以如果一檔股票借券賣出的餘額不斷增加時，要特別小心股價可能有下跌的風險存在。

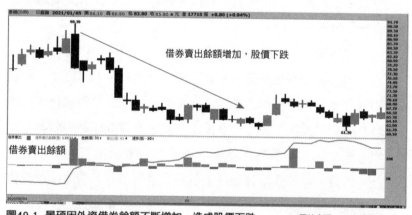

圖49-1 景碩因外資借券餘額不斷增加，造成股價下跌　　圖片來源：XQ全球贏家

融資使用率高的
個股很危險嗎?

融資交易大部分是以資金有限的散戶投資人為主,由於資金不如大戶法人充沛,因此通常把融資使用率視為散戶動向的指標,也因此很多人認為這就是大盤的反指標。但事實上,融資使用率高對股價的影響可以透過兩種不同的角度來解讀:

一、如果這些已經融資買進的投資人繼續持有股票,其他人繼續用融資買進,將使得融資使用率更高,讓其他想用融資買進的人很難買到。如果股價處在剛起漲的階段,就有機會持續走高。

二、當股價一路大漲後,融資使用率再攀高,想買的或該買的投資人都已經上車,那麼這檔股票後續買盤追價的機會就不高了。如果股價從高檔下跌,融資被迫停損的斷頭賣壓就可能湧現,操作上要多加小心。

開放信用交易(可以使用融資、融券操作)的個股可使用的融資券張數都有其上限額度,稱為「融資限額」,一般來

說，融資限額為公司股票公開發行數量的25%，將融資餘額除以融資限額，就是融資使用率。舉例來說，假設A公司股本有10億元，那麼公開發行的張數就是10萬張，融資限額為25,000張，如果融資餘額有10,000張，則融資使用率就是40%（10,000÷25,000）。

那麼我們該如何判讀融資使用率的高低呢？如果融資使用率小於20%，表示融資屬於偏低水位，沒有特殊的買盤挹注，籌碼面穩定看待即可；如果融資使用率在20至40%，表示該股票已有特定買盤鎖定，股價將有機會上漲；如果融資使用率大於40%，表示大部分的融資已經被使用，這時就要小心股價從高檔轉弱。

以「圓剛」（2417）為例，圖50-1的A區表示融資使用率開始增加，已有特定持續的買盤鎖定並拉抬股價。B區表示其他投資人也跟著進場買進，再度推升股價走高，意謂著要小心提早卡位的融資籌碼可能已經陸續減碼；由於股價從8.1元大漲至85.4元，融資使用率超過50%，表示後面進來的融資買盤很有可能來自於散戶，如此一來要再次推升股價創高的難度就很高，此時須提高風險意識。果然到了C區，股價轉空下跌，融資停損賣壓陸續出來，融資使用率也從高檔下滑了。

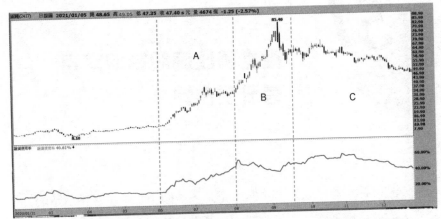

圖50-1　圓剛股價受融資使用率高低的影響　　　　　　　　圖片來源：XQ全球贏家

高券資比個股為何容易
有軋空走勢？

　　股市裡常有一句話：「空頭不死，多頭不止。」意指放空的
人如果持續做空，這檔股票的多頭走勢就不會結束，也就是市
場所謂的軋空。所謂「放空股票」，正好和一般投資人較常做
的「買進做多」相反，即投資人看壞這檔個股，認為股價日後
會下跌，於是用融券賣出股票，等到日後股價下跌，再用融資
買進回補，這就是所謂的「放空」。但如果融券放空賣出後，
股價並未如預期的下跌卻反而上漲，而融券賣出的股票還沒有
停損買進回補，就稱為被「軋空」。

　　要判斷一檔個股是否有機會走一波軋空走勢，通常會觀察融
資與融券的比率，即「券資比」（該個股的融券餘額除以融資
餘額的比率），比率愈高，代表愈多人用融券放空該個股。如
果股價不跌反漲，就會使得有些融券放空的人可能面臨維持率
不足，或遇到融券強制回補日而被迫停損買進回補，這種融券
停損回補買進的力量會再次推動股價上漲，就是市場俗稱的
「軋空走勢」。

　　以口罩廠商「恆大」（1325）為例，在圖51-1標示A的這段

時間，從下方紅色曲線可看出，融券持續增加，代表看空股價賣出股票（即認為恆大股價會跌，所以採取融券操作）的張數愈來愈多，券資比一直攀高，股價從46.5元持續飆漲至接近100元，漲幅逾一倍，此時融券都還沒停損處於被軋空狀態。接下來在B這段時間，券資比開始下降，先前融券放空的投資人，假設融券放空恆大的股價在50元，隨著股價漲到100元，就是賠了50元（與做多相反），所以股價一直上漲創高，融券放空的人就賠得愈多，到後來有些人認賠出場，此時就要把先前融券放空的股票買回來（與買進股票做多的方向相反，看好一檔股票上漲會先「買進」，之後股價上漲時「賣出」）。這樣買回來的動作會進一步推高股價，使得恆大的股價飆漲至216元，軋空走勢十分強勁。

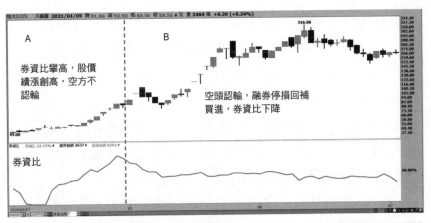

圖51-1　恆大股價受融券影響的軋空走勢　　　　圖片來源：XQ全球贏家

ADR的漲跌
會影響股價嗎？

　　在早晨新聞中經常會聽到：「昨晚美股掛牌交易的台積電ADR（TSM.US）大漲，今天台積電（2330）股價有機會同步跟進上漲。」到底ADR是什麼呢？ADR的全名是「美國存託憑證」（American Depositary Receipt），指的是已經在其他國家掛牌上市的公司，拿著自家股票到美股掛牌交易其發行的存託憑證。而發行存託憑證的目的，主要是為了能夠至海外籌資。

　　舉例來說，台積電是在台灣掛牌交易，想要投資台積電的美國民眾可能不方便買賣，加上台灣股市規模相對較小，對於台積電這種大型企業要募資並不容易。由於美股市場大更有利於募資，於是到美國發行ADR。

　　ADR與原發行的股票有一定的換算比例，如果價差太大就會存在套利空間，所以股價的漲跌具有連動性。那麼，ADR的價格如何換算來與台股價格比較？

　　同樣以台積電為例，1股台積電ADR可以換成5股台積電股票，以2020年10月12日為基準，當天台積電ADR的收盤價為

90.91美元，台積電股價為462元台幣，當天台幣兌美元匯率是28.66元，因此1股台積電ADR＝90.91美元×28.66元＝2605.19元台幣。

由於1股台積電ADR可換5股台積電，1股台積電ADR折合成台幣價值，等於521元（2605÷5），因此台積電ADR的溢價幅度[7]為12.7%（〔521－462〕÷462×100%）。

除了台積電之外，還有其他公司也到美股掛牌上市，換算比例請參表52-A。

表52-A　ADR相關個股換算比例

個股	美股代碼	一股ADR＝？原股
台積電	TSM	5
聯電	UMC	5
中華電	CHT	10
友達	AUO	10
日月光投控	ASX	2

7　ADR折溢價幅度計算公式＝（ADR折合台股的台幣價值－台股價格）÷台股價格×100%。

由於匯率的變動，以及交易時差反應資訊前後的差異，再加上交易成本等因素，使得台積電ADR的價格與原股台積電的股價有些差距，但股價漲跌的連動性長期下來是趨於一致性的。從圖52-1可以發現，黑色是台積電ADR股價走勢、紅色是台積電股價走勢，兩條線幾乎是黏在一起，長得一模一樣。

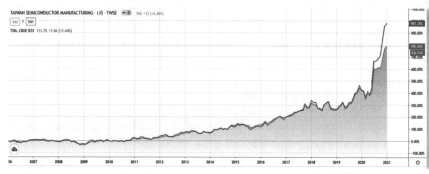

圖52-1　台積電ADR和台積電股價走勢對照　　　　　　　　圖片來源：Tradingview

53

如何看出主力的買賣心態？

在這個股票市場裡，我們已經知道誰是三大法人和公司內部人，接著來談談另一個重要人物——主力。

誰是主力？它可以是資金很多的散戶，也可能是三大法人，簡單來說就是持有較多該個股股票張數的人，而這些人的資金和籌碼足以影響並控制股價。當一家上市櫃公司的股票都集中在少數人手上時，表示該個股的籌碼很集中，也比較容易拉抬股價，所以我們可以觀察一家企業股票集中度的變化，判斷未來股價的可能走向。如果籌碼由多數人手上流到少數人手裡，很有可能就是主力大戶在吃貨，股價後續發動的機會較高。

透過每日買賣超券商家數的差別，是判斷籌碼流向的主要方式。假設全台灣證券商加起來有一百家，而A股票今天買超的券商只有一家，賣超的券商有九十九家，但當天股價不僅沒有大跌，甚至還上漲，代表唯一買進的那家券商很夠力，可以撐住股價讓它往上漲，那麼這家買超券商就能視為主力大戶。而來自於四面八方的九十九家券商賣超的來源則是散戶，籌碼流向明顯是從九十九家券商賣出的股票集中在一家，代表籌碼集

中且安定，可以判斷主力大戶這時正在買股票，股價未來上漲機會很高。但若是「賣超家數－買進家數」小於0，股價卻下跌走弱，有可能是大戶在賣股而散戶在接，股價持續走弱的機會就很高。所以投資人可以藉由買賣家數差，跟著主力上下車賺價差。

以電子零件商「台虹」（8039）為例，2020年11月的股價從48.5元起漲，可以發現買賣家數差的柱狀體呈紅色正值，表示買進家數少而賣出家數多，籌碼流向少數人手上，但股價持續上漲，顯示買進的人是有實力的大戶。後來股價一度來到58元的波段高，買賣家數差的柱狀體翻黑，表示買進家數大於賣出家數，但股價轉弱下跌，有可能是某些大戶在賣股票而散戶在買，這時要留意股價可能有向下修正的風險（參圖53-1）。

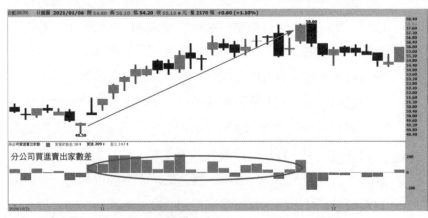

圖53-1 台虹受主力買賣影響的股價走勢　　　　　　　　　圖片來源：XQ全球贏家

*分公司買進賣出家數差＝賣出分點券商家數－買進分點券商家數，所以紅色柱狀體表示數值大於0，賣出分點券商家數比買進分點券商家數多，反之亦然。

54

可轉換公司債對股價
有什麼影響？

　　上市櫃公司如果想要籌資，除了增資還可以發行「可轉換公司債」（Convertibal Bond, CB，簡稱「可轉債」），也就是給債權人轉換成股票的權利。就像買了一個附加選擇權的債券，一旦公司股價高過某個價格後，可轉債就具有轉換價值，持有者就能把手上的債券換成股票獲利，而公司也可以藉由可轉債用較低的利息去籌到資金。所以我們有時候會看到一些公司的代號和名稱很相似，像是上市公司做散熱風扇的「動力KY」代號是6591，搜尋個股時也會看到有「動力一」（65911）、「動力二」（65912）等名稱，這就是所謂的可轉債。

　　發行可轉債的通常是中小型公司，大型企業較少發行，因為向銀行借款相對容易，加上低利率，向銀行舉債的成本更低；而中小企業因為信評等因素，向銀行借錢的成本較高，發行可轉債的募資方式反而較方便，而且在開放轉換至到期日前，持有可轉債的人可轉換成股票，公司就不必拿錢償還此可轉債。所以有發行可轉債的公司，股價做多的企圖心必定較強烈。

　　可轉債在發行時會先訂定一個轉換價格，藉此計算出「轉換

比率」（公司債面額÷轉換價格＝轉換比率）。轉換比率代表一張公司債可以換成的公司股數，最後再乘上股價，就是「可轉債價值」，股價愈高，可轉債的價值就愈高。上市櫃公司發行的可轉債買賣方式和股票相同，只是流動性較差且成交量少，這是投資人要特別留意的地方。

　對於有發行可轉債的公司，操作上可以觀察一點，即當可轉債開放轉換或快到期之前，通常股價有機會拉抬，讓可轉債價值提高。以「動力二」（65912）為例，開放轉換日為2020年12月2日，轉換價格64.02元，而「動力KY」（6591）股價在12月2日當天開始大漲，連兩天走高一度來到81.9元，這時持有動力二可轉債的投資人就有轉換價值了，可把可轉債換成動力KY股票，同時公司也不必拿錢償還可轉債（參圖54-1）。

　所以，日後投資人可多留意有發行可轉債的公司股價，在接近開放轉換日期前或是快到期前，如果股價還低於轉換價格，股價很有機會展開反彈，可以提早卡位布局。

圖54-1　動力KY股價受可轉債開放日之走勢　　　　　　　圖片來源：XQ全球贏家

第七章

新聞密密解

辨出真相，解讀消息面隱藏玄機

55▸ 勤看新聞，做股票就能賺錢嗎？

56▸ 國安基金宣布進場護盤，就是好買點？

57▸ 可以相信外資報告提到的目標價嗎？

58▸ MSCI指數調整，對股價有影響嗎？

59▸ 企業舉行法說會，為什麼股價會波動？

60▸ 公司宣布實施庫藏股，跟著上車一定賺嗎？

61▸ 消息面這麼多，該如何解讀？

勤看新聞，做股票
就能賺錢嗎？

　　新聞消息面往往是影響股價短線變動最大的因素之一，因為新聞是一般投資大眾最容易且最頻繁接觸到的理財資訊，很多投資人也都會依據這些消息面作為股票進出的判斷。

　　像是寫到「○○公司接單樂觀，未來營收看俏」等類似利多消息就買入，或是已持有該股票的投資人會更有信心續抱。相對地，如果出現利空消息就賣出手中股票。聰明的主力公司派往往掌握這點，利用媒體帶風向來影響投資人的決策，也就跟著影響著股價的漲跌。很多投資新手因尚未建立正確的投資觀念及正確解讀新聞的能力，很容易就貿然投資，於是演變成看新聞做股票就一定會賠錢的想法。

　　其實，專業投資人每天也同樣要閱讀大量的新聞雜誌和研究報告，解讀這些消息對股價的影響。我認為，運用消息面釋放出來的時機再配合股價位階高低，其實反而很好抓到股價轉折的買賣點。因此，不管新聞透露利多或利空訊息，應該先檢視股價的位階，看看這則消息是否已經反應在股價上，藉此判斷股價是否會「利多出盡」（走跌）或「利空測底」（看漲）。

·利多出盡

所謂「利多出盡」，是指市場預先反應過某項對公司有利的消息，而股價因為這個訊息已經大漲一段，一旦消息釋出，市場上反而容易出現失望性賣壓而造成股價下跌。因此，如果股價在歷經大漲之後利多頻傳，然而股價卻上不去，這時要小心可能是主力公司派在股價高檔準備出貨才釋出的訊息。所以看到這類新聞時，其實不宜再追高買進，更激進靈活的投資人更可以在這時做融券放空。

以被動元件大廠「華新科」（2492）為例，在被動元件市況大好時，產品報價不斷上漲，利多新聞一堆，像是「被動元件直到2025年都會缺貨」、「被動元件需求每年10%成長」等聳動的利多標題，推升股價從2018年初的80元左右，一路飆漲至下半年的491.5元創下新高，當時全市場最熱門的產業話題就是被動元件。

不過如果此時投資人能夠靜下心來想一想，股價已經大漲了六倍之多，是不是就已經反映了未來產業的利多消息？而這麼多對公司有利的新聞頻傳，股價卻還漲不上去，很有可能是利多出盡。

果不其然，就在2018下半年，股價轉為下跌修正格局，之後市場也開始出現利空新聞，例如被動元件產品漲價趨勢不如原先預期，使得股價從491跌回160元（參圖55-1）。

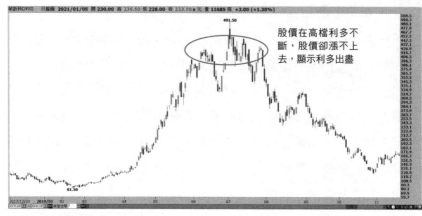

圖55-1 華新科2018年股價走勢

‧ 利空測底

「利空測底」是指股價已經大跌一段後，在低點又有利空消息，如果股價不再破底創新低，就有機會展開反彈，這時就是危機入市的最佳時刻。

許多投資人會害怕利空消息，但其實當利空消息釋出後，股價也已經跌到一個滿足點止跌，才是更好的買點，就像巴菲特名言：「別人貪婪時恐懼，別人恐懼時貪婪。」

以加權指數為例，2020年初爆發的新冠肺炎使得全球股市崩跌，台股當然也難以倖免，一度下跌至8,523點。然而疫情仍未有減緩跡象，全球染疫、死亡人數持續攀高，各國也陸續祭出嚴格控管的防疫政策。雖然消息面都是讓人恐慌害怕的利空，但台股未再跌破8,523點，反而展開反彈，就是很標準的利空出盡格局（參圖55-2）。

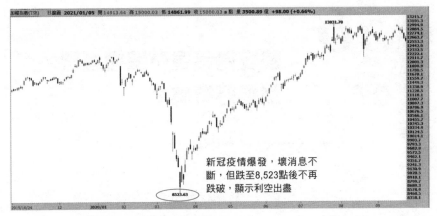

圖55-2 加權指數2020年利空出盡格局　　　　　　　圖片來源：XQ全球贏家

新冠疫情爆發，壞消息不斷，但跌至8,523點後不再跌破，顯示利空出盡

56

國安基金宣布進場護盤，就是好買點？

　　每當股市出現大幅震盪，各國政府為了穩定經濟、增加民眾信心、阻止進一步經濟金融的崩盤，都會祭出護盤政策。2020年因受到新冠肺炎影響，美股道瓊工業指數從2月中的歷史高位29,568點，到4月17日總共跌了18.51%，後來透過「無限貨幣寬鬆政策」，成功讓美股止跌回穩。而當台股面臨震盪大幅回檔之時，全國投資人引頸期盼國安基金進場護盤，但真的進場買股護盤時，台股就能止跌回穩反彈嗎？

　　首先，我們應該了解國安基金的角色。國安基金的全名為「國家金融安定基金」，在2000年成立，隸屬於行政院，資金總額為5,000億元，資金來源包含可借用政府四大基金（勞保、勞退、退撫、郵儲）、國庫持有的股票為擔保借款等，目的是為了穩定金融市場運作，維繫投資人信心。

　　國安基金進場護盤的時機通常是在國內外發生重大事件，導致金融市場失序。統計這二十年來，一共有七次進場護盤的紀錄，分別是2000年3月的政黨輪替、2000年10月的網路泡沫、2004年3月的三一九槍擊案、2008年9月全球金融海嘯、2011年

12月的歐債風暴、2015年8月人民幣驟貶引發全球股災，以及最近一次的2020年3月新冠肺炎引爆的利空（參表56-A）。

國安基金投入一個月後，加權指數最高漲幅高達21.9%，最差的則是下跌12.6%，總共五次上漲、兩次下跌，上漲機率相對高。從歷史資料研判，雖然國安基金不是一進場就讓台股反彈，但站在長線角度來檢視，都算是相對不錯的買點，畢竟進場護盤的立基點就是當台股面臨大幅回檔之際，即使短線可能不是馬上反彈，但進場時機都是相對低點。因此日後如果看到國安基金再次出現進場護盤的動作，可以同步開始布局台股。

表56-A 國安基金歷年進場紀錄

進場時間	指數點位	利空因素	天數	一個月後漲跌幅
2000.3.16到 2000.3.20	8,682	第一次政黨輪替	5	+11.3%
2000.10.3到 2000.11.5	5,805	網路泡沫化	44	-7.9%
2004.5.20到 2004.6.1	6,359	三一九槍擊事件	13	+6.6%
2008.9.18到 2008.12.17	5,641	金融海嘯	97	-12.6%
2011.12.21到 2012.4.20	6,966	歐債風暴	121	+3.8%
2015.8.25到 2016.4.12	7,675	人民幣驟貶	232	+9%
2020.3.20到 2020.10.12	8,681	新冠肺炎疫情	207	+21.9%

可以相信外資報告提到的目標價嗎？

　　證券分析師或產業研究員的研究報告，通常是投資人所能接觸到最完整且最詳細的投資資訊，尤其在台灣，外資的研究報告向來容易受到市場關注，因其關係著國外投資機構的決策。但一般投資大眾並不會仔細閱讀整份研究報告，只是關注報告中的目標價，就做了買進或賣出的投資決策。因此常會遇到投資人問：「外資報告明明看好，實際上外資卻賣超，為什麼心口不一？」「外資的研究報告是不是不準，根本不可信？」

　　首先要了解，外資報告分成「buy side」和「sell side」兩種，buy side是寫給內部操作參考的，sell side是寫給外部大眾看的，所以我們常看到的外資報告都是sell side。再來研究報告中評等的定義，一般來說分成三級，分別是「優於大盤（買進）」、「中立（持有）」、「劣於大盤（賣出）」。最後是目標價，如果距離目前價位差距愈大，表示看好程度愈高，假設A股票目前市值100元，甲外資的目標價是180元，乙外資的目標價是150元，可以解讀為甲外資更看好A股票。這些研究報告中的股價目標價，往往是透過公司盈餘進一步定義未來股

價的預測，也有許多研究顯示，這些外資目標價的達成率約為五成。

因此我認為，投資人其實不用把目標價奉為圭臬，就算評等給予買進，並不代表外資投資機構一定會買進。看到目標價大幅溢價時也不要太興奮，因為通常需要一定的時間來達到這個價位，可能是三個月、半年或一年，並不是馬上就要實現。

雖然有些股性活潑的個股可能因為外資目標價看好，股價在報告一發出的當下就有所反應，讓投資人產生「外資報告看好股價就一定會漲」的迷思，但其實短線的反應過後，股價還是會回歸本質。所以在看這些研究報告時，目標價反而是其次，而應去探究看好的原因。

在實務操作上，我會配合外資買賣進出的動作作為觀察，如果研究報告給予買進上調目標價，而且外資同時也有買進，這時再考慮跟進布局。

以「聯發科」（2454）為例，在2020年4月底法說會（關於「法說會」的介紹，請參第59堂課）釋出正面樂觀的訊息後，這些法人機構也認同而紛紛出報告上調目標價，像是本土法人富邦上調的目標價是443元，外資機構美林更樂觀上看550元（參表57-A）。在這些樂觀的報告訊息釋出後，外資、投信也同步站在買方而加碼買進（參圖57-1），這時就可以考慮跟進布局，畢竟法人的動作和報告的看法是一致的，股價上漲的機率就會比較高。

表57-A　聯發科2020年4月法說會後的法人和外資態度

研究機構	投資評等	目標價
富邦	買進	443
元富投顧	維持買進	450
瑞士信貸	優於大盤	500
美林	買進	550

資料來源：各家研究機構研究報告

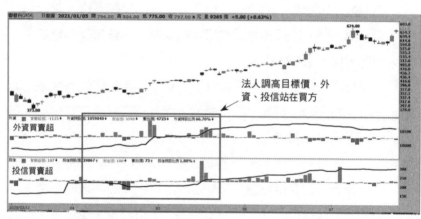

圖57-1　聯發科法說會後，外資、投信同步買進　　　圖片來源：XQ全球贏家

MSCI指數調整，
對股價有影響嗎？

　　「MSCI調整生效日，慎防尾盤出現大震盪」、「MSCI權重
調整後資金估流出223億元 金管會：影響不大」，這些標題常
見於新聞媒體中，很多人的第一個疑問就是：MSCI是什麼？

　　MSCI是由摩根士丹利資本國際公司（Morgan Stanley Capital
International）所編製的股價指數，亦稱為「摩根指數」或
「大摩指數」。MSCI制定的指數遍及世界各個市場，以MSCI
所組成的股票，通常是各個國家中具有代表性的企業，而能被
納入的公司大多是獲利穩健且具有競爭力。全球估計超過八成
的基金經理人都是以MSCI編列的指數作為參考，影響的金額
高達好幾兆美元。因此一旦MSCI成分股有所調整，就會牽動
龐大的資金移動。

　　MSCI每年會有四度調整，分別是在2、5、8、11月。2月與8
月的調整為季度調整，通常權重變化幅度較小，也沒有新增減
成分股；5月與11月為半年度調整，通常權重幅度變化較大，
同時會有成分股的增減調整。其中與台股有相關的三個指數
分別是「MSCI 新興市場指數」、「MSCI 新興亞洲指數」、

「MSCI 亞太除日本指數」，如果三個指數中台股的權重被提高，通常會吸引資金湧入，有利於台股走升。相反地，如果權重被調低則會造成資金流出，對整體股價將產生負面影響。

　　由於追蹤MSCI指數的資金通常以被動型投資為主，所以這些資金都會在MSCI調整生效日前的最後一個交易日進行動作。舉例來說，2020年12月1日為半年度調整的生效日，所以前一天（2020年11月30日）尾盤最後一盤整交易爆出了千億量能，使得台股當天的整體成交量高達4,096億元，寫下歷史新高（參圖58-1）。而這次台股權重成分被微幅調降，很多權重高的個股尾盤股價都出現大幅震盪，像是台積電（2330）、台塑（1301）、鴻海（2317）等個股最後一盤都殺下來了，但這些賣壓都是來自MSCI成分調整的被動資金賣出，所以屬於短線的衝擊。往往這些個股在尾盤被MSCI被動資金賣下來後，價格在幾天後就會回穩，這時投資人就可以大膽一點，在最後一盤逢低承接。

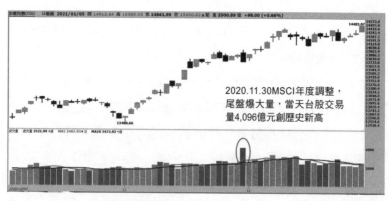

2020.11.30MSCI年度調整，尾盤爆大量，當天台股交易量4,096億元創歷史新高

圖58-1　MSCI年度調整，尾盤交易爆大量　　　　　　　　圖片來源：XQ全球贏家

59

企業舉行法說會，為什麼股價會波動？

　　法說會全名為「法人說明會」，也就是公司針對法人（外資、投信、自營商）所召開的會議，與會者大多是國內外證券產業分析師、研究員、基金經理人等。雖是針對法人，但主要目的其實是讓所有投資人能更了解目前公司的營運狀況，一些知名度低但獲利良好的公司也藉此讓給更多人認識，有利提高股票的流動性。因此，有些公司還會特別請專業公關公司來協助舉行法說，可見法說會對公司十分重要。

　　當市場行情正好、法說會的內容也符合預期時，隔天的股價自然會有一股上漲行情，這就是所謂的「法說行情」。因此多數的企業在法說會上都是「報喜不報憂」，即便營運陷入低潮，也會在法說會上信心喊話。不過也有一些公司的風格較為老實，即使營運展望保守也會直接說明。

　　許多投資機構會在法說會過後，根據所釋放的訊息發布最新研究報告，一旦法說會的內容不符預期，法人在隔日就會大幅降低持股，因此企業法說會大多會牽動股價的表現。

　　以「大立光」（3008）為例，公司在2020年7月9日收盤後

召開法說會，公布稅後純益為49.88億元，季減25.7%，年減24%，EPS為37.19元，創五季以來新低。不僅獲利衰退，同時還釋出對第三季的營運展望表示保守的態度。這樣的利空消息，使得公司股價在法說會隔日直接跳空下跌，外資、投信法人也都轉為賣超，股價自法說會前的高點4,475元一路走低（參圖59-1）。

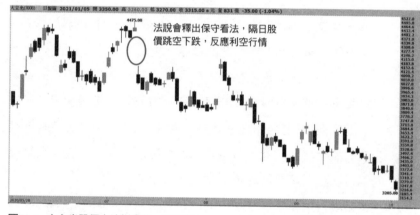

圖59-1 大立光股價在法說會後一路下跌　　　　　　　　圖片來源：XQ全球贏家

再以「台積電」（2330）為例，2020年7月16日法說會前夕，當時市場瀰漫的氣氛就是看好台積電的業績會相當不錯，所以有人在法說會前夕先行押寶布局，股價開始起漲一波。果然，法說會公布第二季的純益與 EPS 都創下新高，並上調今年的資本支出金額至160至170億美元，讓市場為之振奮。股價在法說會後再漲一波，衝上466.5元創下新高（參圖59-2）。

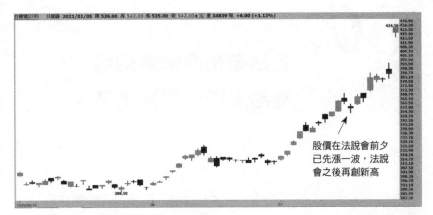

圖59-2　台積電股價在法說會後創新高　　　　　　圖片來源：XQ全球贏家

　　所以，法說會對於股價通常具有一定的影響力，不過要特別留意，法說會上的信心喊話對股價的上漲可能只是曇花一現，最終還是要回歸基本面，觀察營收獲利是否真的如預期成長。

公司宣布實施庫藏股，
跟著上車一定賺嗎？

　　每當公司股價大幅走跌時，就會有投資人要求公司實施庫藏股，認為這是股價低迷之際的萬靈丹。事實上，所謂的庫藏股是用公司資金去買回公司在市場上流通的股票，但對公司總體未來的經營方向及該產業未來的展望一點影響都沒有。

　　那為什麼往往公司宣布實施庫藏股後，股價就會有所反應？這是因為當公司確實實行庫藏股時，在外流通的股數就會減少，加上隨著庫藏股買回張數多寡，會促使股價跟著上漲。而宣布實施庫藏股這件事本身，等於也是在向市場宣告公司的股價偏低了，想撿便宜的投資人要趕快進場，因此進一步推升股價走揚。但實際上，實施庫藏股跟著一起買就穩賺不賠嗎？

　　首先我們要了解，實施庫藏股並不是只為了挽救投資人的信心。根據證券交易法第28-2條規定，公司實施庫藏股有以下三點目的：一、轉讓股份予員工；二、配合附認股權公司債[8]、附認股權特別股、可轉換公司債、可轉換特別股或認股權憑證之發行，作為股權轉換之用；三、為維護公司信用及股東權益所必要的買回，並辦理銷除股份。就第一點而言，當公司股價

位階在相對高檔時宣布實施庫藏股轉讓給員工，多半是因為公司看好未來營運狀況，畢竟肥水不落外人田，如果對公司前景有信心，經營階層也會想多認購一點自家公司的股票，這時股價後續走勢就較容易看漲。

第二點則是當公司發行可轉換特別股、可轉換公司債時，可以利用庫藏股票提供給投資人進行轉換或認購，這樣就不需要再另外發行新股，節省了許多時間成本，這對於公司的股價影響較小。

第三點是最常見的，也就是在股價低迷時為了挽回市場投資人信心，因而實施庫藏股。

股神巴菲特對於庫藏股制度有極高的評價，他認為經營者願意買回自家公司股票，是照顧股東的表現。但這樣好的理念想法，卻也會隨著檯面下市場黑手的影響，讓庫藏股變相成為幫主力大股東出貨的工具，一方面拉抬股價，一方面偷天換日地幫主力獲利下車。

因此，投資人在面對實施庫藏股的消息，不要一股腦地衝下去買，而應該更審慎地探究背後的原因。但如果能配合公司基本面營運狀況加上股價位階一併考量，投資人要搭上庫藏股的轎，其實還是有利可圖。

---

8 附認股權公司債是指公司債另外附帶有認股權，持有者可在一定期間內依約定價格，向發行公司購買一定數量的股票。

以「聯電」（2303）為例，公司宣布預計在2020年6月8日到8月7日買回二十萬張庫藏股，買回區間價格為每股11.55元到23.25元。當時的股價還處在相對低檔區，加上晶圓代工的接單受惠中美貿易戰帶來的轉單效應，業績有望逐季走高，此時公司願意在市場上買回庫藏股，可以推論目前股價恐怕是被低估了。果然，聯電的股價自宣布實施庫藏股後，從15.15元一路上漲至10月中旬時的34元，大漲超過一倍，來到波段新高（參圖60-1）。

圖60-1 聯電實施庫藏股期間股價大漲　　　　　　　　圖片來源：XQ全球贏家

消息面這麼多，該如何解讀？

　　投資人在投資股市時，總是相當關注手中持股消息面的變化對股價的影響，但是在這個資訊爆炸的時代，不同的研究報告就會有不一樣的解讀，新聞今天出現看好的消息，隔天又馬上爆出壞消息，反覆的利多、利空消息讓投資人的操作摸不著頭緒。加上從行為財務學的角度來看，一般投資人容易在見到利多消息時過度樂觀興奮，看到利空消息時又會過度悲觀擔心，這使得投資判斷失去了該有的理性準則。

　　有時候消息面會對股價有很大的影響，所以投資人解讀時應該要有正確的心態，而以下幾個觀念是必須要有的：

　　一、新聞媒體用語偏多：我們常會看到有些公司即便營收獲利下滑，新聞用詞仍然樂觀，例如「營運先蹲後跳」、「即將走出谷底」等，通常是報喜不報憂。但千萬不要只看到這樣的文字就信以為真，還是要仔細解讀整篇新聞內容，並配合公司的基本面一併觀察。才會比較客觀。

　　二、親朋好友間的明牌股：不僅僅是親朋好友，現在臉書社

團、股市相關的討論區愈來愈多，流傳出來的明牌股一大堆，像是「聽說○○股票業績不錯，股價要漲了」、「○○股票有主力操作，還有一大段漲幅」等，聽到這些消息面，對於想要投資卻苦於找不到標的的散戶來說很難不心動，任誰都會想要跟買幾張押寶看看。但仔細想想，我們真的有辦法判斷這些訊息是真是假？如果這些消息都能讓你知道，可能早就是全市場都已經知道的舊聞了，就算消息是股價可能真的都已經反應完畢此利多，但這些小道消息有可能是主力大戶為了出貨所釋放出來的。所以面對這種「明牌股」，若沒辦法清楚判斷消息來源時，最好還是盡量少碰為宜。

三、**養成獨立思考的能力**：我們在得到消息時，往往這項訊息已經是轉手再轉手，不管是媒體報導或研究報告，都包含著強烈的個人主觀意識，投資人應該有獨立思考判斷的能力。我們可以透過前面教學的基本面、籌碼面、技術面去觀察這項消息面屬實與否，像是見到利多訊息時可從股價技術面去檢視，是否股價已經大漲一段後才出現利多訊息？又或者看到利空訊息、股價卻不跌反漲，有無可能是外資法人正要逆勢買超？當你學會獨立思考，面對消息面襲來時，就能更冷靜客觀地看待手中的持股。

第八章

股票好好選

邁向財富自由之路，操作選股不馬虎

62▶ 挑選股票也有SOP嗎？

63▶ 新台幣匯率的升貶，與股市有連動嗎？

64▶ 景氣循環股該如何操作？

65▶ 供應鏈概念股這麼多，怎麼選出好標的？

66▶ 挑選個股，產業龍頭股一定好嗎？

67▶ 站在巨人肩膀上，跟著壽險資金布局更安全？

68▶ 為什麼要作帳？如何搭上作帳行情？

69▶ 如何用生活選股法找到潛力股？

70▶ 挑選低價銅板股有什麼技巧？

62

挑選股票也有SOP嗎？

投資新手要在茫茫股海中選出其一來投資，就好比登山新手沒有經過訓練就一鼓作氣試圖攻頂般困難。但如果了解股票的四個面向（基本面、技術面、籌碼面、消息面），就可以成為選股的基石。

接著，仔細考量打算投入的資金偏好哪種投資配置，例如若是長線投資，可先從基本面著手，設定自己在意的選股條件，像是營收和毛利連續三個月增加、EPS比去年同期增加、KD黃金交叉等條件，一些財經相關網站或軟體都有提供相關功能，可以很快地篩選出符合條件的個股。當然，很多財經節目中也有許多關於選股條件的教學，都可以作為參考。

但我認為，沒有所謂最好、最準、最能賺錢的選股法，只有「最適合自己的方法」。從自己最感興趣且最能進入狀況的方式著手，像是喜歡看新聞就從消息面研究，看得懂財報就從基本面篩選，只要多累積投資經驗，慢慢就能找出自己交易選股的SOP，透過層層堆疊的訓練，終有一天攻上股市峰頂。

但無論是哪一種選股策略，幾個重要原則是在研擬選股時必

須注意的：

一、流動性不宜過低：盡量避開成交量少的股票，因為量太少，買賣也比較不便利，有可能買賣的價差會較高。再者，這些成交量少的個股也比較難獲得法人的關注，整體來講，風險相對較高。

二、盡量避開長期虧損的公司：沒有賺錢甚至長期虧損的公司，相對來說風險就比較大，所以在選股的時候都要盡量避開這些公司。

三、技術型態偏多：均線呈空方排列、M型頭部等空方型態的股票，最好先避開，關注股價技術面偏多的股票較安全。

四、消息面有雜音：當股票傳出比較負面的新聞消息時，由於不確定性增高，買入的風險也跟著變大，記住安全第一，先不要碰。

五、法人持續賣超：雖說法人賣超不一定就代表企業股價不被看好，但如果觀察到法人持續賣超且股價持續下跌，這種掉下來的刀子就不要接。最好是挑選法人站在買方的標的，股價比較有買盤支撐。

六、營收獲利成長：常說股價最終要回歸基本面，因此選股時最好能找尋營收獲利有成長的公司。

那麼我們該如何建立屬於自己的選股SOP呢？舉例來說，假設你是個比較注重技術分析的投資人，可以先從技術型態條件

去挑選，可能是KD黃金交叉、MACD柱狀體翻正、W底部型態或均線多方排列等；接著從這些候選股票中剔除一些成交量過低且長期處於虧損的公司；加入外資、投信法人有買超的條件做進一步篩選；最後從剩下的名單中找尋產業前景佳、營收和EPS有成長性的公司，然後所篩選出來這萬中選一的個股，就是你可以買進的標的。

圖62-1選股SOP

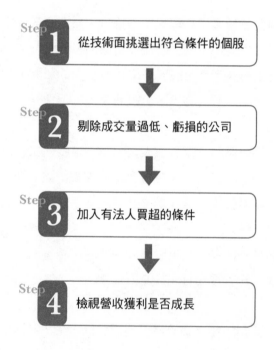

Step **1** 從技術面挑選出符合條件的個股

Step **2** 剔除成交量過低、虧損的公司

Step **3** 加入有法人買超的條件

Step **4** 檢視營收獲利是否成長

新台幣匯率的升貶，
與股市有連動嗎？

　　台灣大多數的電子產業都是以外銷為主，原物料產業則需仰賴進口，而這樣進出口結算多以美元計價，加上台股屬於淺碟型市場，也就是容易受到外來資金波動影響，近幾年的外資成交比重不斷提高，約占台股每日成交比重的40%，可以說，新台幣匯率的升貶與股市有高度的連動性。由於關係密切，我們可以從匯率升貶來判斷資金的流向，進而研判台股上漲或下跌的可能走向。

　　當台幣升值，進口成本相對較低，有利於仰賴進口的原物料產業，像是營業、資產、塑化、食品、紡織業等；反之，當台幣貶值，則外銷為主的電子設備、IC設計產業、航空業等將受惠。而台幣升貶值對台股最直接的影響還有「外資熱錢」。

　　依照央行的外匯慣例，外資熱錢匯入後，最晚須於一週內進場買股，避免有炒匯嫌疑。同樣地，賣出股票後拿到的資金若一直留在帳上未進出，也會引來央行關切，要求這些資金必須入股，否則就得匯出。從央行對於熱錢的管制動作可以看出，外資匯入的資金就是要進入股市，因此才會說匯率的升貶與台

股有密切連動。

當外資資金匯入→新台幣升值→錢流進股市→有利台股上漲
當外資資金匯出→新台幣貶值→錢從股市流出→台股恐下跌

透過圖63-1的走勢，可以清楚看出新台幣匯率（紅色線）與台灣加權指數（黑色線）的連動關係：

・2016年初，新台幣兌美元匯率大約在33.3元，當時加權指數在7,700點。後來在外資熱錢不斷湧入下，新台幣匯率一路升值，在2018年初來到29.1元，同時間，加權指數這兩年也上漲到11,000點。

・2018到2019年中時，新台幣匯率轉貶，從29.1跌到31元，加權指數從11,000點下跌至9,319點。

・2019年下半年開始，新台幣又轉為升值格局，到2020年底時，大幅升值至28.5元，加權指數同步上漲，來到13,000點。

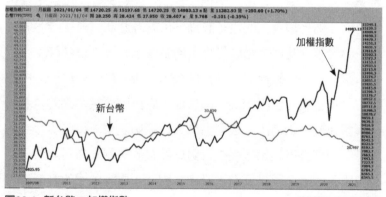

圖63-1 新台幣vs.加權指數　　　　　　　　　　圖片來源：XQ全球贏家

64

景氣循環股該如何操作？

所謂「景氣循環」，指易受產品報價影響，或因景氣週期因素使得市場供需產生週期性變動，像是塑化、鋼鐵、水泥、營建、航運、汽車、石油、天然氣等都屬於景氣循環產業。

以油價來說，景氣好的時候，石油需求增加，進而推升油價上漲，於是產油國就會增加產出想賺更多錢。但當產油國都增產的情況下，因供給增加，反而導致油價下跌，再加上遇到景氣週期性衰退，又會使得油價走低，油商開始減少開採產出。一旦供給減少，油價又會從蕭條期邁向復甦期，與油價有高度連動性的產業就會有週期性的變動。這就是景氣循環的概念。

操作景氣循環股的邏輯和一般股票不太一樣，要從「反市場心理」的角度切入。產業處於繁榮期且獲利大好時，要採取保守賣出的策略，因為景氣循環股的特性就是繁榮期過後將面臨衰退期，獲利開始走下坡，股價也會受到影響而下跌。相對最好的買點就是處在景氣谷底蕭條期時，要有危機入市的勇氣，因為能在景氣谷底活下來的公司，接下來迎接復甦期的春燕來臨，公司獲利會大幅成長，股價也將隨之起舞（參圖64-1）。

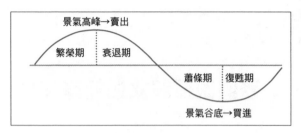

圖64-1　景氣循環的進出策略

景氣高峰→賣出

繁榮期　衰退期

蕭條期　復甦期

景氣谷底→買進

　　以貨櫃航運「萬海」（2615）為例，2020年第一季受到疫情影響，運價的報價低，景氣處在谷底蕭條期，第一季的EPS只有0.04元。隨著全球景氣復甦，貨櫃航運的運價開始反彈，整個航運業邁向復甦期，第二季的EPS大幅成長到0.76元，同時下半年的獲利預估比上半年更好，股價從3月的低點11.85元一路飆漲至11月來到29.35元，創下波段新高（參圖64-2）。回頭看看第一季處於景氣谷底之時，就是一個很好的買點。

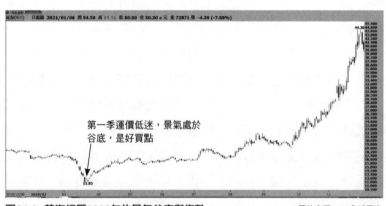

第一季運價低迷，景氣處於
谷底，是好買點

圖64-2　萬海經歷2020年的景氣谷底與復甦　　　　　圖片來源：XQ全球贏家

供應鏈概念股這麼多，
怎麼選出好標的？

每當新聞標題聳動地打上「群創打進新Switch供應鏈」、「華邦電打入iPhone 12供應鏈 奪OLED記憶體五成市占」這類標題，這些個股往往成為市場熱搜焦點，投資人對於能打入這些大廠供應鏈個股都很感興趣。但熱門的產業題材很多，像是蘋果、電動車、5G等，相關供應鏈的個股更是一長串，就像台灣投資業常說「一顆蘋果救台灣」，許多電子科技業都是蘋果的供應鏈，又或者曾是供應鏈但早被踢出名單，那麼投資人到底應該如何切入供應鏈並選對股呢？

挑選的技巧首重「獨家供應」，其次是「新加入」。

・獨家供應

因為供應鏈有技術上的優勢，其他廠商想要跨入並不容易，因此訂單可以很穩定地不被分食。例如台積電（2330）是蘋果晶片的獨家代工廠，其先進的製程技術領先全球，沒有其他廠商可以做到，所以來自蘋果的訂單都很穩定。但組裝代工廠的技術門檻較低，容易被其他廠商搶奪訂單，因此競爭性高且毛

利率低。

　以蘋果組裝的代工廠就有鴻海（2317）、和碩（4938）、緯創（3231）和中國的立訊（交易代號002475），組裝廠之間很容易會有殺價搶單情況，因此獲利貢獻就不會太高，而且掉單的風險也高。從2016至2020年的台積電、鴻海、和碩股價表現來看（參圖65-1），台積電的表現明顯優於其他兩家公司，關鍵在於它在蘋果供應鏈的地位難以動搖，來自於蘋果貢獻的獲利持續成長，當然反應在股價上就是不斷地上漲創高。

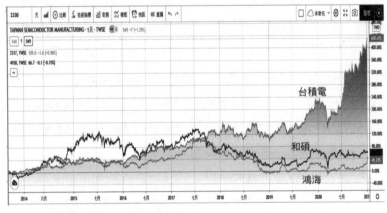

圖65-1　台積電vs.鴻海vs.和碩股價走勢　　　　圖片來源：Tradingview

・新加入

　過去沒有而現在有是一件令人興奮的議題，就像以前沒有接到蘋果訂單，但後來產品通過認證並打進供應鏈，市場給予的期待性就很高，因為營收獲利可望成長，股價自然不寂寞。

就像鏡頭廠「玉晶光」（3406），在產品良率提高改善後取得蘋果手機鏡頭認證，讓玉晶光在2019年的營收大幅跳增至120.45億元，年增率52%，EPS為24.79元。新加入蘋果供應鏈的效益使得玉晶光股價跟隨獲利同步上揚，股價從2019年的162元低點，一路上漲到2020年中的838元（參圖65-2）。

股價從低點162元大漲至838元

圖65-2　玉晶光成為蘋果供應鏈後股價一路飆升　　　　　　圖片來源：XQ全球贏家

挑選個股，產業龍頭股
一定好嗎？

股市裡有句話說：「與其追買跟風股，不如追漲龍頭股。」所謂「龍頭股」，指的是在所屬產業中，技術最為領先、有長期良好的競爭力、通常也是該產業市值最大的公司，因此它的動向對相關產業會產生很大的影響力。反應在股市也是如此，往往它的漲跌也牽動了同族群產業相關類股的表現。

但對許多投資人來說，往往因為龍頭股已經漲了而不敢進場買入，或因資金不足等因素，反而去挑選產業周邊的跟風股。小型股的波動較大，風險相對較高，這對股市新手的操作難度明顯提高，如果沒有做好穩健的投資策略並掌握好進出場點，很容易賠錢收場。因此站在穩健投資的角度，建議投資新手若看好某個產業，直接買龍頭股是相對安全可行的策略，它具有以下幾點優勢：

一、規模成本優勢： 因為是龍頭，所以規模一定大。在原物料的採購、平均每單位的生產成本方面，都將優於同業。

二、轉換成本高： 一般來說，龍頭企業的客戶不太會轉換到

其他家廠商，所以能有效維繫與客戶的關係。

三、**品牌價值高**：龍頭企業在商譽、品牌知名度等無形資產具有高價值，因此有利商品的售價高於同業。

四、**信用評級**：一般來說，處在該產業的龍頭企業的信用評等較高，公司的違約風險低。

五、**獲利配息穩健**：龍頭企業獲利穩定度高，比較不會大起大落，而且每年的配息很穩定。

六、**受法人偏愛**：尤其是外資法人，在挑選個股時更加偏愛龍頭企業，因為具有高知名度且安全，較能吸引外資關注。

表66-A　各產業龍頭股

所屬產業	龍頭股
電信業	中華電（2412）
晶圓代工	台積電（2330）
IC設計	聯發科（2454）
光學鏡頭	大立光（3008）
塑化	台塑（1301）
水泥	台泥（1101）
面板	群創（3481）
金控	國泰金（2882）
航運	長榮（2603）
超商	統一超（2912）
紡織	儒鴻（1476）
被動元件	國巨（2327）
矽晶圓	環球晶（6488）
封裝測試	日月光投控（3711）

站在巨人肩膀上，跟著
壽險資金布局更安全？

在台灣，幾乎人人都有保險，根據瑞士再保險公司的Sigma報告，台灣壽險滲透度已經連續十二年位居全球第一。而壽險業面對每個月有如滔滔江水的保費，又會如何運用呢？

以往因受法規限制，業者喜歡投資布局國外金融商品，政府為了引導壽險業將資金留在台灣以促進國內經濟，經過法規逐步鬆綁後，2020上半年，根據保險局統計，壽險業持有國內股票市值高達1兆6,777億元，創下歷史新高，這股力量也是推升台股突破了1990年12,682點的關鍵。

但比起外資投信的進出標的，我們通常比較少討論到壽險資金的布局標的，因為壽險資金和三大法人操作最大的不同點，在於操作的週期長短不同。

外資、投信及自營商追求的是超額報酬績效，進出相對頻繁，因此每天進出的變動性很大；壽險資金著重在資金的安全穩定性，主要採取長線布局策略，不太會有短線操作。也正因為如此，壽險資金反而是一股安定的力量。

由於壽險資金的操作更在乎持股的安全性，所以賠錢的公司

或風險相對較高的產業通常不在投資標的名單之中，類似生技新藥產業就是風險較高的，沒有EPS實際的獲利數字，也看不到營收。相較之下，安全性高的產業可能就屬金融業了，所以眾多大型金控股都有壽險資金布局的蹤跡。

另外，在低利率環境下，能夠穩定配息且殖利率優的公司更是壽險資金偏愛的標的，而大型龍頭權值股當然是壽險業基本的持股之一，同時也會有部分資金鎖定在具有成長潛力的中小型股，讓整體資金的運用更全面。

歸納壽險公司選股邏輯，大致有下列四點，資金鎖定的個股清單請參表67-A：

一、不投資賠錢且高風險公司。

二、愛好配息相對穩定且殖利率優。

三、鎖定有獲利且成長性高的公司。

四、操作週期較長不做短線。

因此，投資人如果要選擇報酬相對穩定的個股，跟著壽險資金布局也是很好的操作方法。

表67-A 壽險資金鎖定的個股

類別	公司	壽險資金持股比重（%）
穩定配息股	中華電 （2412）	新光人壽保險（7.47%）、國泰人壽保險（1.58%）、富邦人壽保險（1.14%）、台灣人壽保險（1.06%）
	台灣大 （3045）	新光人壽保險（9.26%）、富邦人壽保險（4.3%）、國泰人壽保險（3.78%）
	崑鼎 （6803）	富邦人壽保險（6.62%）、台灣人壽保險（0.49%）
	中碳 （1723）	富邦人壽保險（4.87%）、國泰人壽保險（1.7%）
	可寧衛 （8422）	富邦人壽保險（6%）、國泰人壽保險（1.9%）
權值股	聯電 （2303）	南山人壽保險（2.56%）、匯豐普信保險（1.52%）
	大立光 （3008）	國泰人壽保險（1.68%）、南山人壽保險（1.67%）
	瑞昱 （2379）	國泰人壽保險（4.61%）、南山人壽保險（1.55%）
	廣達 （2382）	國泰人壽保險（3.08%）、富邦人壽保險（2.2%）、南山人壽保險（2.1%）
	台泥 （1101）	中國人壽保險（2.5%）、新光人壽保險（2.44%）、台灣人壽保險（2.22%）、富邦人壽保險（1.65%）

	台半 （5425）	富邦人壽保險（5.83%）、三商美邦保險（4.69%）、 南山人壽保險（3.24%）
	和大 （1536）	國泰人壽保險（6.01%）
中小型 績優股	晶技 （3042）	富邦人壽保險（7.14%）、國泰人壽保險（3.81%）
	中磊 （5388）	國泰人壽保險（3.33%）、台灣人壽保險（3.33%）、 全球人壽保險（2.15%）、富邦人壽保險（5.39%）
	啟碁 （6285）	國泰人壽保險（2.68%）、台灣人壽保險（1.6%）、 全球人壽保險（1.09%）
	中信金 （2891）	富邦人壽保險（3.58%）、中國人壽保險（2.11%）、 新光人壽保險（1.49%）
	國泰金 （2882）	新光人壽保險（2.18%）、南山人壽保險（1.56%）、 全球人壽保險（1.46%）、富邦人壽保險（1.27%）
金融股	兆豐金 （2886）	富邦人壽保險（3.58%）、台灣人壽保險（2.08%）、 中國人壽保險（1.96%）、國泰人壽保險（1.59%）
	開發金 （2883）	中國人壽保險（3.76%）、國泰人壽保險（1.5%）
	台新金 （2887）	中國人壽保險（2.28%）、富邦人壽保險（2.025%）、 遠雄人壽保險（1.73%）

資料來源：公開資訊觀測站，資料統計至2020年第三季

為什麼要作帳？
如何搭上作帳行情？

　　台股一整年的波動變化就像海水潮汐般，除了6到8月的除權息行情，到了季底還會有所謂的「作帳行情」，顧名思義，就是為了期末能交出好看的成績單而美化帳面數字。

　　哪些人需要作帳呢？不外乎企業就是「集團作帳」，還有投信基金的「法人作帳」，而這兩者的作帳不管是在時間或股票標的的選擇上都有很大不同。

・集團作帳

　　由於集團之間都會有交叉持股的現象，所以總是希望集團旗下個股的股價都能上漲，增加市場對企業經營者的信心。不少企業為了讓財報數據更好看，透過處分部分資產或賣出轉投資股票等方式，來修飾年底的財報數字。因此，公司常在年底釋放出許多利多消息，像是有新訂單、業績成長、產能前景看旺等，以增加市場熱度並帶動股價走揚。

　　但不是每個集團在年底都會有作帳行情，就歷史經驗來說，比較具企圖心作帳的集團包括國巨集團、華新集團、台塑集

團、鴻海集團、聯電集團和遠東集團。投資人可以鎖定集團旗下股本較小且具題材性的個股，或是當年度以來股價漲幅相對少的個股，都是集團可能想要拉抬作帳的標的。以鴻海集團為例，與熱門的5G產業有關聯的網通股有「台揚」（2314）、「建漢」（3062）、「台通」（8011）、「亞太電」（3682）。

此外，如果該產業當時處在獲利不錯的市況、是市場熱門討論的焦點，集團更會順水推舟向上拉抬。例如假設當時是被動元件產業處在獲利爆發階段，投資人可以留意華新集團中以被動元件為主的個股，包括「信昌電」（6173）、「佳邦」（6284）、「華新科」（2492），或是國巨集團的「國巨」（2327）、「凱美」（2375）、「奇力新」（2456）等。

市場上最具作帳口碑的集團作帳，就屬華新集團。根據2010至2019年華新集團個股在12月份的漲跌幅資料顯示，除了「新唐」（4919）以外，其餘個股過往十年在12月份都是上漲的，平均漲幅最高的是「和鑫」（3049）有6.09%，上漲次數最多的是「精成科」（6191）高達九次，可以明顯發現華新集團在年底有作帳行情（參表68-A）。因此，投資人可在12月份開始布局華新集團的個股，有很高的機率可以賺錢。

・法人作帳

基金經理人追求的就是旗下管理基金的投資績效表現，因此每到季底甚至年底就是關鍵。基金績效排名愈好，經理人能分到的紅利也愈多，於是就會試圖推升手上持股比重高的個股股

價，讓整體投資績效更好。

其中以投信作帳最令投資人關注，因為外資的主要持股大多是大股本的權值股，像台積電（2330）、鴻海（2317）之類，第一不易拉抬，第二這些股票幾乎是其他法人也會持有的，所

表68-A 華新集團 2010至2019歷年12月漲跌幅統計資料

個股	上漲次數	平均漲跌幅（%）
新唐（4919）	5	-1.32
華新（1605）	6	1.27
華東（8110）	6	1.2
彩晶（6116）	6	3.2
和鑫（3049）	6	6.09
華新科（2492）	7	5.27
信昌電（6173）	7	5.12
瀚宇博（5469）	7	1.87
華邦電（2344）	8	4.96
精星（8183）	8	5.23
精誠科（6191）	9	3.15

以拉抬這些股票對自己的績效助益並不大。就法人作帳行情來看，通常會留意投信鎖定的中小型個股，當別人沒有而你卻有的持股股價能夠上漲，就能帶動基金績效排名衝高。如果想要搭上投信作帳列車，可以特別留意投信在接近季底時開始加碼買進的個股，很有可能就是想要拉抬作帳的標的。

以「昇陽半導體」（8028）為例，從圖68-1投信買賣超就可以發現，過去投信不太著墨這檔股票，一直到2020年11月底，投信突然買進，股價突破過去整理區間轉強。這樣子的籌碼面結構，很可能就是投信鎖定年底欲拉高的作帳標的。

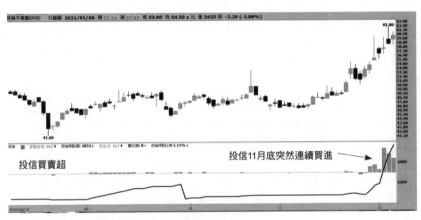

圖68-1 昇陽半導體股價在投信連續買進後大漲　　　　　圖片來源：XQ全球贏家

如何用生活選股法
找到潛力股？

　　很多投資人都以為，要投資股票，只有專業的分析師、非常懂產業的研究員或是很會看財報的會計師，才有辦法選出有潛力的好股票。但一直以來，其實我最推薦投資人善用生活選股法，再搭配前面教過的基本面、技術面、籌碼面等方式來檢視選擇的個股，這反而是更貼近生活且更容易啟發投資想法的投資方式。

　　例如有一次和朋友去吃「涓豆腐」，發現東西很好吃，價格又實惠，用餐時間常常要排隊，生意好得不得了。於是打開公司基本資料看一下，技術線型業績表現都不錯，便建議朋友可以買進該公司股票「豆府」（2752）。買了股票後，我們常常以小股東身分去豆府集團旗下的餐廳用餐，順便實地視察業績有無下滑跡象，果然豆府的股價也穩定上漲（參圖69-1）。

　　股神巴菲特就是生活選股法最具代表性的人物，像是他愛喝可口可樂，認為這個品牌的價值高且海外經營績效佳，因而大舉買入公司股票。我發現很多人都很想投資股票，但總認為選股很困難，其實只要在生活中用心觀察，很容易就能知道商機

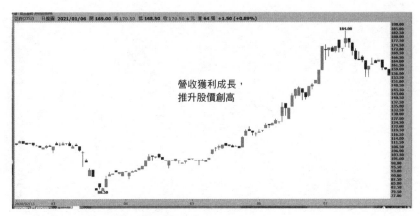

營收獲利成長，
推升股價創高

圖69-1　豆府業績佳，股價持續上揚　　　　　　　圖片來源：XQ全球贏家

在哪裡、哪些公司業績會好，公司業績好，自然會反應基本面的成長，而基本面好，股價又會反映其價值，可以說，各層關係緊密相連。

舉例來說，喜歡打電動的人可以考慮買遊戲股，手機永遠用iPhone的人可以買蘋果概念股，不管是食衣住行育樂，只要多留心，就能找到其中尚未發現的鑽石股，讓消費變成一種投資。而投資不再只是枯燥的理論研究，你會發現，這樣的投資變得有趣又貼近生活。

像是汽車品牌「豐田」（TOYOTA）一直深受台灣消費者喜愛，路上跑的計程車大多是豐田的車，可以推估，代理銷售的「和泰車」（2207）業績應很不錯。果然，這幾年和泰車的營收節節攀升，2017年達1,790億元，2018年成長到1,858億元，2019年為2,129億元，年增率14.56%，EPS有21.55元，同時寫

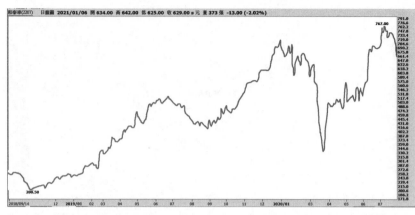

圖69-2 和泰車汽車銷量帶動股價上揚　　　　　　　　　　圖片來源：XQ全球贏家

下歷史新高，股價也從波段底部的200.5元大漲到767元（參圖69-2）。

　　另外就是最常見的便利商店。而且台灣的便利商店密度排名全球第二，以7-11的市占率最高。根據調查，每人一年平均光顧便利商店130次，可以說，生活中幾乎脫離不了它。「統一超」（2912）的7-11在全台擁有高達五千家分店，旗下還有非常熱門的咖啡連鎖店「星巴克」，生意也都非常好，每次一有促銷活動就大排長龍，因此統一超的營收獲利相當穩健，每年的獲利水準都接近到大賺一個股本。長期來看，統一超的股價呈現相當穩健地上漲趨勢，從2004年的低點47.2元穩步墊高到2018年，還寫下378元的新高數字，報酬率相當不錯（參圖69-3）。所以只要在生活中認真觀察，你也能挖寶到像統一超這樣績優的公司。

統一超(2912)　週漲圖　2021/01/04　開 266.50　高 272.00　低 265.00　收 271.00 s 元　量 4225 張　+4.50 (+1.69%)

378.00

38.70

2001/09/19　2003　2004　2005　2006 06　2007　2008　2009　2010　2011　2012　2013　2014　2015　2016　2017　2018 06

圖69-3　統一超旗下品牌市占率高，獲利穩健成長　　　　　　　圖片來源：XQ全球贏家

挑選低價銅板股
有什麼技巧？

　　低價銅板股一直是股市新手的最愛，因為價位低好入手，不需要太多資金，而且位階相對低，被認為即使再下跌，空間也很有限。不過銅板股會這麼低價一定也有原因，多數是因為獲利相當低迷，營運展望趨於保守，所以有些銅板股的股價長年處在低價位，要從它們身上賺到錢其實不容易。

　　不過麻雀也會變鳳凰，一旦低價銅板股的營運出現曙光，獲利大幅提升，股價的漲幅爆發力也是相當驚人。那麼一般投資人要如何在眾多銅板股中找到蒙塵的璞玉呢？以下有幾個重點可以留意：

　　一、產業前景是否具有樂觀條件：通常在傳產類股身上較難出現大幅的轉機變化，比如食品類股，很難有爆發性的業績成長，算是比較平穩的產業架構。電子類的銅板股就比較有機會了，很有可能因為產業出現大變化，造成需求大增，又或是技術研發上有重大突破、領先業界等利多，很有機會讓營運出現轉折。

二、**企業獲利是否成長**：密切留意銅板股的營收獲利是否出現好轉，其中基本面財務數據是最真實的，有些銅板股企業常會釋出利多消息，像是未來將會轉機或明年會更好，但獲利總是沒跟上，股價自然只能持續在低價位整理。所以唯有基本面的營收、EPS好轉，對股價才有一定的推升力道。

三、**法人是否買進**：如果見到外資或投信開始買進銅板股，很有可能法人也是看好，對於股價將有正面助長的效果。

以「華邦電」（2344）為例，在2011至2012年間，由於記憶體市場供過於求，產品報價走低，以致營運轉為虧損，股價一度只剩下3.83元。然而2014年的營運出現轉機，記憶體市況開始好轉，車用記憶體需求提高，而且華邦電的NOR Flash記憶體產品打入到蘋果、三星供應鏈，獲利大幅成長，使得營收由虧轉盈。2014年的EPS跳增到0.83元，到2017、2018元，獲利持續成長，EPS寫下近幾年的新高，分別是1.54元、1.87元（參表70-A）。

表70-A　華邦電2011至2018年EPS

年份	EPS
2011	-0.23
2012	-0.5
2013	0.06
2014	0.83
2015	0.9
2016	0.81
2017	1.54
2018	1.87

資料來源：公開資訊觀測站

此外，當2014年獲利好轉時，外資也開始加碼布局，買超最積極的一段是在2017年上半年，外資大約買進了約50萬張，推升股價來到波段新高的30.35元。在法人買超的加持下，銅板股的股價從原本只有3.83元大漲至30.35元（參圖70-1）。

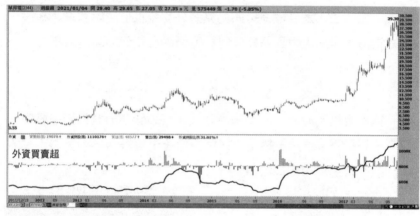

圖70-1 華邦電獲利好轉，外資轉買　　　　　　　　　　圖片來源：XQ全球贏家

第九章

存股輕鬆學

打敗銀行定存利率，穩定領股利

71▶ 想要存股該怎麼做？

72▶ 以金融股作為存股，該如何挑選？

73▶ 配息穩定是存股的重要條件？

74▶ 股價平穩的定存股該怎麼選？

75▶ 什麼是金字塔型存股策略？

76▶ ETF適合當存股標的嗎？

77▶ 小資族要如何存股？

78▶ 存股操作會因年齡而有不同？

71

想要存股應該怎麼做？

近幾年在美國聯準會（Fed）採取量化寬鬆政策的影響下，使得全球處在低利率的環境，有些國家甚至實行負利率，把錢放在銀行還得給銀行一筆信託保管費。而在台灣，連台幣定存利率都低於1%了，因此在股票市場興起了一股存股風潮，投資人期望透過股票賺取穩定報酬，總比放在銀行領著少少的利息。市場上關於存股的理財資訊多如牛毛，但存股就只是單單一直買股而不出場就好了嗎？

2020年，台股在新冠肺炎疫情影響下，短短三個月一度從12,197點跌落至8,523點，許多存股投資人因為受不了股價大跌的走勢，紛紛停損出清持股。有些存股族則消極看待，根本沒看清手中持股的特性是否適合存股，只是說服自己套牢的持股就當是存股，沒賣就不算賠。其實，存股是很適合新手剛入門股市的投資模式，但要把存股做好，不只是一直定期定額地買股這麼簡單，以下幾個觀念和心態是非常重要的：

一、投資週期放長：所謂的「存股」，就是持續性地買進股

票且長期持有，每年穩定領取配發的股息，就好比把錢放在銀行定存一樣。所以既然選定好投資標的，就要有長抱的心理準備，面對股價波動時要做到心如止水，不要因為大漲而興奮，也不因下跌而害怕，告訴自己是在存股也就是在存錢。

二、**有紀律地投資進場**：存股最基本的策略就是定期定額買進，即在固定的時間買進固定金額的標的。比如說每個月的發薪日就拿一部分的錢買進定存股，長期下來買進的平均成本相對不會太貴。只不過很多投資人存股時，一看到股價下跌就不敢買進，這其實是錯誤的觀念，反而是愈跌更應該勇於進場，甚至加碼買進。千萬記得，要秉持紀律，做好定期定額的買進策略。

三、**避開波動性高的產業個股**：有些波動性大的產業，尤其像是電子類股就不太適合作為定存股。科技日新月異，現在看起來很厲害的產品或技術，幾年後可能就被其他東西取代，像是以前很火熱的光碟片雙雄——「中環」（2323）、「錸德」（2349），當時獲利很好，股價也都在百元以上，但隨著時代變遷，儲存的資料都上傳雲端了，光碟片的需求大幅減少，產業面臨到衰退，股價也因此一蹶不振，像這類型的股票就不適合作為存股標的。

四、**不要融資買進**：有些人想要多買點定存股，就會使用融資買進，這是相當危險的做法。除了融資有維持率的風險，更重要的是，融資的利息費用每年平均約6％以上，存股的報酬收入都拿去繳融資的利息費用，到頭來等於做白工。

以金融股作為存股，該如何挑選？

　　一講到存股，「金融類股」向來是首選，因為存股的要件就是「股價波動低」、「現金殖利率高」、「年年配息」，畢竟是要長相廝守的股票，穩定安全絕對是存股的首要選股條件，因此金融機構往往被視為「不會倒閉」的企業。

　　就像2008年發生金融海嘯，政府為了穩定整體經濟金融市場，實施三挺政策，包括「政府挺銀行」、「銀行挺企業」和「企業挺員工」，由此可知，穩定金融對整體台灣的經濟發展是非常重要的。

　　加上金融業會受到政府的嚴格控管，例如銀行業的資本適足率（銀行自有資本淨額除以其風險性資產總額而得到的比率）必須達到8%以上，目的在確保金融機構的財務健全及營運的穩定性。金管會在2020年公布了幾家大到不能倒的銀行業者，包含中信、國泰世華、台北富邦、兆豐、合庫和第一金，因此許多老股民不約而同地會把金融股視為存股首選。

　　相較於其他產業，雖然金融類股的倒閉風險較低，但在布局上還是不能掉以輕心。我們評價金融股時除了看獲利配息，還

會從「逾期放款比率」、「備抵呆帳覆蓋率」來檢視財務結構狀況是否良好。

‧**逾期放款比率**：指的是借款人欠款超過清償期三個月占總放款的比率（逾期放款比率＝逾期放款總額÷放款總額×100％），主要表示金融機構業者放款中可能面臨到客戶無法清償欠款的情況。逾放比率愈低，代表金融機構業者授信品質愈佳。一般來說，逾期放款比率在3％以下都算是不錯的。

‧**備抵呆帳覆蓋率**：呆帳指的是應收帳款中無法回收的金額，又稱「壞帳」，所以備抵呆帳指的是銀行在呆帳發生前，預估未來可能產生的呆帳而預先提存的準備金（備抵呆帳覆蓋率＝備抵呆帳÷逾期放款×100％）。備抵呆帳覆蓋率愈高，代表銀行承受呆帳的能力愈強。

在眾多金融股中，又以官股金控業者更受投資人青睞。所謂官股，是指政府為最大股東的金控股，主要以「兆豐金」（財政部持股8.4％）、「第一金」（財政部持股11.49％）、「華南金」（台灣銀行持股21.23％）、「合庫金」（財政部持股26.06％）這四家為主，由於有政府撐腰，原則上更安全。

從表72-A來看，在這四家官股金控業中，華南金（2880）是相對較優的，因為逾期放款比率0.12％是最低的，而且備抵呆帳覆蓋率977.65％又是最高的，資本適足率13.77％也在一定的水準之上。當然這些數據資料隨時會變動，投資人在進行存

股時要時常關注，相關資料數據可上「銀行局全球資訊網」網站查詢。

表72-A 四家官股金控比較

評價指標	兆豐金 （2886）	第一金 （2892）	華南金 （2880）	合庫金 （5880）
資本適足率 （％）	13.45	13.43	13.77	13.86
逾期放款比率 （％）	0.28	0.23	0.12	0.34
備抵呆帳覆蓋率 （％）	562.66	515.07	977.65	353.64

資料來源：各家銀行，資料至2020年9月30日止

73 配息穩定是存股的
重要條件？

　　每年宣布除權息的時間就是存股族磨刀霍霍的時候。存股族一向偏好投資高殖利率個股，但高殖利率就一定有保障嗎？許多景氣循環股在獲利好的時候配息很高，所以殖利率也高，但業績淡季時就可能沒配息，加上如果獲利不穩定，盈餘忽高忽低，在遇到類似金融海嘯這種系統性風險時，很容易因為無法支撐虧損而經營不下去。因此存股族在選股方面，配息高且殖利率高固然很好，還是以找到長期穩定配息的個股更重要。

　　除了穩定配息，但如果配股配息並沒有填權息，也就只是賺了股息卻賠了價差，就像市面上許多標榜長期配息的基金，如果基金淨值沒有成長，每年領到的配息就是從投資本金中配發。因此除了找到穩定配息的個股，還要留意股價是否具備穩定填權息的能力。我們可以觀察過去股價填權息的表現，或是透過獲利能力是否穩定成長來判斷，畢竟一家獲利穩定且成長的公司，股價和配息的穩定度自然不會太差。

　　以「全國電」（6281）為例，從2008至2019年這十二年間都是賺錢的，最高獲利EPS在2012年有5.47元，最低在2008年金

融海嘯時也有3.56元，平均EPS為4.45元，獲利其實很穩定。它的現金股利配發也很不錯，每年都有配發現金股利，最高是在2012年配了4.9元，現金股利最少是在2008年，但也配了3.2元，平均3.87元，而且平均配息率高達87.1%（參圖73-1）。如果選擇了全國電這樣的公司，每年獲利狀況平穩且都有配發現金股利，存這樣的股票是比較讓人放心的。

圖73-1　全國電長線穩定上漲，填權息機率高　　　　　　　　圖片來源：XQ全球贏家

接下來，就以定期定額來說明存股的複利效果。假設2008年開始每個月投入1萬元購買全國電，一年投入的金額就是12萬元，以每年的年均價作為買進的平均成本來看，到了2019年，將握有26,123股，大約是二十六張，整體市值以2019年底收盤價68元計算，持有的股票市值為1,776,364元，買入的平均成本是57元，領取的股利總額為729,136元，總投入成本是

1,440.000元。經過這十二年，存股績效達到73%（〔1,776,364＋729,136–1,440,000〕÷1,440,000×100%），參表73-A。如果把同樣一筆錢拿去銀行定存12年，可能只有約12%的報酬，由此可知，存對股票所創造的績效是很驚人的。

表73-A　定期定額購買全國電股票的總報酬

	每年投入金額	買入平均成本	可購買股數	累積持有股數	配發股利	現金股利總額
2008	120,000	43.83	2,737.9	2,737.9	3.2	8,761.1
2009	120,000	36.23	3,312.2	6,050.0	3.56	21,538.1
2010	120,000	48.21	2,489.1	8,539.1	3.48	29,716.2
2011	120,000	50.85	2,359.9	10,899.0	4	43,596.1
2012	120,000	64.07	1,873.0	12,772.0	4.9	62,582.6
2013	120,000	68.6	1,749.3	14,521.2	3.5	50,824.3
2014	120,000	62.07	1,933.3	16,454.5	3.9	64,172.7
2015	120,000	59.35	2,021.9	18,746.4	3.7	68,362.8
2016	120,000	59.01	2,033.6	20,510.0	4.3	88,193.0
2017	120,000	62.52	1,919.4	22,429.4	4	89,717.5
2018	120,000	64.35	1,864.8	24,294.2	4	97,176.7
2019	120,000	65.59	1,829.5	26,123.7	4	104,494.9
	總計 1,440,000	平均成本 57	總股數	26,123.7	現金股利總額	729,136.1

股價平穩的定存股
該怎麼選？

　　前面提到存股的三要件之一是「股價波動度低」，這對許多投資新手而言可能很抽象，一般投資大眾對於股價波動度的高低或許也沒什麼概念，其實這可以透過「β值」來衡量。

　　β值的意義是指當加權指數上漲或下跌1%時，個股的漲跌就是β％，即當個股β值大於1，表示個股的股價波動程度將高過指數的波動。假設A股票的β值為2，可以解讀為如果大盤漲跌1%，那麼A股票就會漲跌2%；相對地，如果個股β值小於1，可以解讀為大盤的漲跌對於個股的影響不大，股價走勢較平穩。

　　由於存股主要追求的不是股價的價差獲利，而是希望股價走得安穩，想想萬一股價像雲霄飛車般的走勢，波動程度強於大盤漲跌，而存股的時間週期這麼長，抱著這種股票怎麼能放心？我想大多數的投資人都會感到壓力很大，最後可能因為無法忍受股價大幅波動而停止存股計畫。

　　以熱門存股標的之一的「中華電」（2412）為例，從股價和加權指數的走勢比較來看就很清楚，中華電的β值相當低，

只有0.18，也就是說，如果大盤漲跌1%，中華電的股價只有0.18%的波動，顯然大盤漲跌對中華電的股價影響不大。

從圖74-1可看到，加權指數在2020年第一季受到新冠肺炎衝擊，指數重挫跌幅近20%，隨後呈現V型反轉，創下歷史新高突破13,000點，指數走勢波動相當劇烈。然而中華電的股價走勢很平穩，波動相對小很多。所以如果是抱著中華電這類股票當存股，心情應該輕鬆很多，是很適合長期買進、作為存股標的。

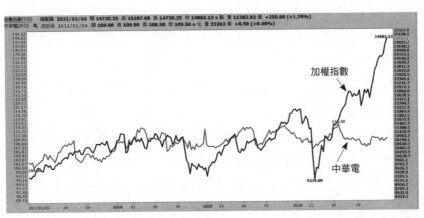

圖74-1　中華電股價走勢比加權指數相對穩定　　　　　　圖片來源：XQ全球贏家

什麼是金字塔型
存股策略？

在進行存股的過程中，許多投資人總是擔心進場時機會不會買貴？跌到哪個價位可以加碼買進？就存股的精神來說，其實就是定期定額買進並長期持有。但除了在固定時間以固定金額買進標的，還可以透過「金字塔型存股」來靈活運用資金。

當存股標的的股價在高檔時就是位在金字塔頂端，這時可以減少買進標的的單位數量，或是部分庫存減碼賣出；而當標的股價在低檔時就是位在金字塔底端，存股的單位數量就可以增加。簡單來說，就是股價愈高則愈買愈少，股價愈低則愈買愈多。這種存股方式可以更加靈活地操作存股資金、增加獲利的機會，並且減少風險。

而要評估存股標的股價是昂貴還是便宜，可以從殖利率的角度來檢視，然後根據過去幾年平均的殖利率來推估股價合理的價位，計算公式如下：

殖利率＝現金股利÷股價
股價＝現金股利÷殖利率

假設A公司過去幾年的平均殖利率是4%，現金股利平均配發約2元，推估合理的股價就是2÷0.04＝50元。因此如果標的股價大漲，殖利率就會降低，股價就比較貴了；反之，如果股價走低，殖利率就會提高，股價的投資價值也提高。接著就以殖利率高低簡單計算一下，把定存股分成昂貴價、合理價、便宜價三個價位。假定A公司過去幾年平均殖利率約4%，可以設定殖利率大於6%就表示股價便宜了，如果殖利率小於2%則表示股價昂貴了，投資人可依個股調整數值，因此：

昂貴價＝平均股利÷2%（當殖利率為2%）

合理價＝平均股利÷4%（當殖利率為4%）

便宜價＝平均股利÷6%（當殖利率為6%）

在操作上，我們可以根據定存股的股價位置採取金字塔型存股策略，像是股價跌到便宜價時，代表股價已經超跌，預估殖利率更高，存股的價值就浮現了，這時可以更積極地加碼買進，例如平時定期定額的扣款金額是5,000元，這時可提高到8,000或1萬元；如果股價大漲到接近昂貴價，可以考慮適當獲利減碼賣出，比如有十張存股可先賣三張或五張，保留資金等待股價下跌接近合理價時，再恢復定期定額持續買進（參圖75-1）。

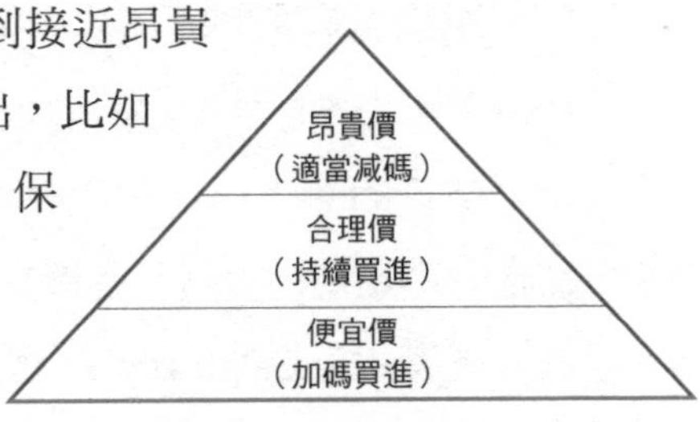

圖75-1　金字塔型存股法

76

ETF適合當存股標的嗎？

曾有投資人問我：「存了滿手的元大石油ETF，要下市了該怎麼辦？」我問他為什麼會選擇這支ETF當存股標的？「我看了很多ETF存股的書，不就代表ETF很適合存股？」投資最怕的不是什麼都不懂，而是一知半解就開始投資。

許多人只聽到「ETF可以存股」就盲目投資，卻沒有深入了解並非每一種ETF都適合作為存股標的。ETF存股當然有其優勢，可以省去選股的麻煩，還能分散風險，但如果選擇像槓桿型ETF或主題型ETF，有可能不僅存不到股，還會面臨很大的虧損甚至遭到下市清算。

‧ 不適合存股的ETF

一、主題型ETF：以產業為主題的ETF風險較高，這是因為產業興衰的變化快速，現在熱門的產業不知能紅多久，萬一鎖定的產業走向衰退，那麼ETF的股價長期來看就可能愈走愈低。再者，這類型ETF較少配股息，本身就不符合存股領股息的條件。

二、**槓桿型ETF**：主要以衍生性金融商品來追蹤指數，ETF的淨值長期下來會因為衍生性商品的平倉、轉倉過程而受到影響，因此操作上應以短線進出為主，不適合長線存股。加上沒有配發股利，不符合存股的條件。

・適合存股的ETF

一、**債券型ETF**：波動較小，而且有穩定配息，最安穩的公債ETF配息率約在1至2％之間，投資等級債ETF的配息率約3至5％之間，風險較高的高收益債ETF配息率則約5至6％。有些ETF甚至採取月月配息的機制，例如「中信高評級公司債」（00772B）、「中信優先金融債」（00773B），對於現金流需求較大的投資人來說，每個月都有股息收入可運用。

二、**股票指數型ETF**：這種ETF已經透過分散股票布局來降低風險，安全性比存單一個股更安全，這也是存股ETF更讓人放心的地方。就像投資人如果想投資台積電（2330），但投資單一個股就必須承擔相對高的風險，這時可以投資市場上討論度最高的存股ETF，像是「元大台灣50」（0050），台積電占該基金權重高達近50％，另外50％就分散投資在其他大型權值股，如此就可以分散投資單一個股的風險，也能享受到台積電個股漲勢帶來的獲利。

但若以分散投資風險的角度來看，我比較建議選擇個股權重分散更平均的ETF，例如同樣是永續概念的ETF就有三家，分別是「國泰永續高股息ETF」（00878）、「元大台灣ESG

永續ETF」（00850）、「富邦公司治理ETF」（00692），但前十大成分股所占比重就不同，元大和富邦的ETF中的台積電占比分別高達35.73%、41.38%，國泰ETF第一大權重的仁寶（2324）僅占4.16%，且前十大成分股的權重都滿平均，相對來說會更適合當做存股標的（參表76-A）。

表76-A　三檔永續概念 ETF 前十大成分股比較

ETF	國泰永續高股息 ETF（00878）	元大臺灣 ESG 永續 ETF（00850）	富邦公司治理 ETF（00692）
1	仁寶（2324） 4.16%	台積電（2330） 36.66%	台積電（2330） 43.03%
2	光寶科（2301） 3.99%	聯發科（2454） 5.68%	聯發科（2454） 4.14%
3	華碩（2357） 3.97%	鴻海（2317） 5.24%	中華電（2412） 3.09%
4	英業達（2356） 3.94%	台達電（2308） 2.32%	台塑化（6505） 2.88%
5	和碩（4938） 3.85%	中華電（2412） 2.30%	國泰金（2882） 1.94%
6	群光（2385） 3.70%	聯電（2303） 1.99%	台塑（1301） 1.93%
7	大聯大（3702） 3.61%	南亞（1303） 1.88%	台達電（2308） 1.9%
8	南亞科（2408） 3.52%	中信金（2891） 1.85%	南亞（1303） 1.79%
9	南亞（1303） 3.51%	國泰金（2882） 1.8%	兆豐金（2886） 1.60%
10	聯電（2303） 3.39%	兆豐金（2886） 1.7%	富邦金（2881） 1.55%

資料來源：公開資訊觀測站，資料時間至2020年10月31日

77

小資族要如何存股？

我有個朋友幾年前就常說想存股投資，也做了許多功課，但幾年過去仍遲遲未開始存股，他認為這幾年來股價一直漲，想等到大盤跌下來時再開始存股。我發現投資人最常有的疑問不是「我要買什麼股票？」，而是「現在還適合進場嗎？」，不管大盤加權指數是在13,000點或8,000點，在萬點不敢買，等真的跌到8,000點或7,000點，可能還是不敢買，「何時才能進場」這類問題總是困擾著投資新手。

但就像第一章說過的，既然是存股就要放長放遠，同時搭配「金字塔型存股法」，如果個股標的點位高可以先存小額，等到個股標的在低位階時再加碼。所以當你確立存股標的時，進場時間反而是其次，更重要的是認真執行存股計畫。

許多投資新手在剛開始存股時，除了猶豫進場時間外，還要面臨存股標的一直下跌的恐懼，深怕存錯股就不敢繼續存股投資。但就像是許多人會採定期定額扣款買基金，股票一樣也能透過證券App達到自動定期定額買股的需求。經由這些自動化程式，可以減少投資新手在下單時的猶疑不定，幫助小資族克

服心魔、勇敢地執行投資決策。

我以「日盛證券SMART」的App來說明。

第一步：點選「定期定額條件單 下單／查詢」。

第二步：選擇定期定額的投資時間（系統預設長達六個月）。

第三步：設定自己想要採用的定期定額買股方式，例如每個月的哪一個日期、用開盤價還是收盤價買進。

第四步：選取想要的存股標的。

第五步：選擇用固定股數或固定金額方式買進。這對小資族來說很方便，比如每個月可用3000元或5000元固定扣款買進。

到這裡就設定完成了，之後系統會在設定好的這些條件下自動幫你下單買股票，一來可以不用擔心會忘記買進，二來可以克服人性的弱點（這是最大的好處），即便股價下跌，系統仍會依照設定好的指令自動下單買進。最後是這種定期定額存股策略可讓長期持股成本可以很平均，不用擔心買在高點。

存股操作會因年齡
而有不同？

　　投資人總以為，投資股票存股只要著重標的選擇和進場時間，但其實並非所有的投資方式都適合所有人。就像許多銀行理專或投資顧問常會標榜量身訂做的理財規畫，而何謂的「量身訂做」，就是依據投資人的年齡、可接受的風險程度、投資資金來源等做理財規畫，當然存股也是有分別的。

　　舉例來說，像是剛出社會的年輕人可以承擔的風險是比較高的，而且更希望能加速累積資產，存下人生第一桶金。這階段的投資人除了可以選擇金字塔型存股法進行更靈活的資金運用，由於正處於有固定薪資收入的階段，還可以將存股的股息股利再投資，讓資產複利成長，選擇的存股標的上也可以鎖定成長型公司。所謂「成長型公司」，就是指公司正處於營收獲利成長階段，每年的EPS持續成長，每年配發的股息在獲利成長支撐下也有機會增加，更重要的是，股價會有很高的機會上漲，投資人除了能賺到每年股利的報酬，還能賺到股價上漲的資本利得。

　　成長型公司就像台積電（2330），由於台積電在晶圓代工產

業技術領先全球，在全球半導體晶圓代工市占率超過50%，公司正處在成長階段，研判獲利逐年成長的機會很高。觀察台積電在2013至2018年間，EPS很穩定地逐年增加，從2013年的7.26元到2018年的13.54元，配發的股利從2013年的3元，穩定成長到2018年的8元（參表78-A）。更重要的是，股價自2013年初的101元，到2018年時已經大漲超過一倍，來到221元。統計這六年來若只持有一張台積電，報酬率高達150%，這樣的報酬率可說是相當優異。

而像台積電這種成長型公司多半以電子業為主，但存股過程中面臨的風險也較高，畢竟科技的變化日新月異，即便像台積電這樣績優成長的好公司，未來面臨到三星、英特爾的挑戰仍不可小覷。如果其他競爭者的技術追上台積電，那麼獲利可能就會受到衝擊。所以在選擇成長型個股作為定存標的時，一定要更留意公司的發展，萬一出現不如預期的轉變，需做好出場的準備。

表78-A　台積電歷年EPS與配息

	2013	2014	2015	2016	2017	2018
EPS（元）	7.26	10.18	11.82	12.89	13.23	13.54
股利（元）	3	3	4.5	6	7	8

* 台積電在2013至2018年間，股價從101元漲到221元，股價資本利得為120元。六年期間累計領取的股利共31.5元。假設2013年持有一張台積電，總報酬率＝（120＋31.5）÷101＝150%。
資料來源：公開資訊觀測站

但對已經退休的人而言，由於沒有固定薪資收入，所擁有的資產當然不能承擔太大的風險，對於定存股的要求就是講究安全第一，所以定存股的選擇建議以穩定型公司為主，或是像債券型ETF，每月、每年都有固定的股利收入可作為日常生活費。穩定型公司如金融類股，以「兆豐金」（2886）為例，2013至2018年間，EPS最差為1.65元，最佳為2.43元，配息情況最差為1.1元、最佳為1.5元，整體來看，EPS及股利配發都算是穩定，股價也穩定地處在20至28元（參表78-B）。

表78-B 兆豐金歷年EPS與配息

	2013	2014	2015	2016	2017	2018
EPS（元）	1.96	2.43	2.35	1.65	1.89	2.07
股利（元）	1.1	1.11	1.4	1.5	1.42	1.5

* 兆豐金股價在2013至2018年間波動空間不大，從24.15元漲到26.6元，資本利得為1.45元。六年來累計領取股利共8.03元。假設2013年以來持有一張兆豐金股票，總報酬率＝（1.45＋8.03）÷24.15＝39.25%。
資料來源：公開資訊觀測站

假設2013年持有一張兆豐金，加上領取股息的報酬率約是37.4%。相對於台積電高達150%的報酬率，差距是很大的（參圖78-1），但兆豐金所處的金融產業相對穩定，股價不會大起大落且獲利配息穩定，很適合追求穩定報酬的退休族作為存股標的。

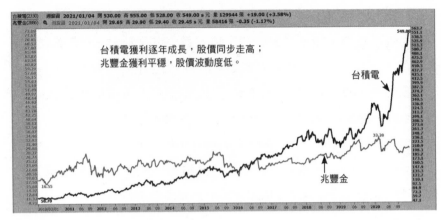

圖78-1　台積電vs.兆豐金股價波動比較　　　　　　　　　圖片來源：XQ全球贏家

心態要健康

戰勝貪婪與恐懼，了解投資心理與陷阱

79▸ 股票只要沒賣就是沒賠？

80▸ 如何克服人性弱點，嚴格執行停損？

81▸ 不與飆股擦身而過！如何緊抱個股賺取大波段行情？

82▸ 投資人一窩蜂進入股市，如何避免生羊群效應？

83▸ 當擦鞋童效應出現時，就是股市的高點？

84▸ 操作高價股的風險一定比較大？

85▸ 投資操作不順時，怎麼調整最好？

86▸ 投資與投機只是一線之隔，其中界線要如何拿捏？

87▸ 雞蛋不要放在同一個籃子，分散投資比較穩健嗎？

88▸ 要成為成功的投資人，須具備什麼特質？

79

股票只要沒賣就是沒賠？

　　曾聽一位在股市闖蕩多年的資深股民說：「我這輩子買股票還沒賠過錢，想請老師請幫我看看剩下的庫存，什麼時候可以等到它們都賺錢再出場？」我這才知道，原來許多投資人存在一種迷思，只要股票沒賣就沒有虧損，好像賣出了賠錢的個股，就是讓自己認清當初錯誤的決策。對投資人來說，這似乎比持有套牢的個股更難以接受。

　　我常見到投資人一攤開持有的一拖拉庫股票清單，幾乎全是套牢的個股，還自我安慰地說，反正是閒錢，目前也沒有資金需求，所以不需要認賠，慢慢放著總會回來。也因為套牢，投資人往往會改變投資策略，本來買股票的目的是希望短線進出，一旦賠錢就說服自己是存股。但事實上，不管有沒有賣出賠錢的股票，總資產的水位就是減少，與其消極地說服自己，不如好好重新認真檢視持股。

　　在投資心理學裡，買進股票對投資人而言是簡單的，但賣出持股則相對困難，卻也是最重要的動作。投資心理學是我在研究所的論文課題之一，但一直到進入投顧業並接觸了許多散戶

投資人，才發現這些理論有多麼真實地發生在日常生活。

在教客戶買股票、給出操作建議時，投資人的動作既快又確實，但建議賣出持股時，就會跑出各式各樣的聲音，像是：「在這價位就賣嗎？會不會再漲？」「為什麼要賠錢賣？我要繼續放著。」面對投資，我們都要認知到，每一次的投資不一定都能獲利出場，即使是再厲害的投資高手如股神巴菲特，儘管財力雄厚，面對看錯趨勢產業時仍會果決地賣出賠錢的投資。在投資這條多變的路上，多多少少都會面臨選擇錯誤而導致帳面虧損的時候，但投資人一定要認清，股票即使沒賣，虧損的事實依然存在。

因此建議投資人要勇敢面對虧損，果決地停損賣出賠錢的投資，才能再重新把資金做更好的運用。從表79-A可以清楚看出，假設初始投入的本金有100萬元，停損設定為10%，剩下的本金有90萬元，要用90萬元再賺回100萬需要的報酬率約11%，相對來說不是很困難。但是當停損幅度愈大，要賺回來所需要的報酬率將提高。假設停損設定在股價腰斬賠了50%的時候，要用剩下的50萬元賺回100萬元，需要的報酬率就要100%！想想看，要找到能夠飆漲一倍的股票是不是更難？而且當虧損幅度超過50%，投資人反而會放棄停損的動作，因為認為都已經賠這麼多就放著它。這種消極的行為是投資上最大的禁忌。

表79-A 停損設定與賺回本金需要的報酬率（以初始投入本金100萬元為例）

停損的幅度 （剩下的本金）	再賺回100萬元 本金需要的報酬率	執行停損的 難度等級
10%（90萬元）	11% （90萬元×1.1＝100萬元）	★
20%（80萬元）	25% （80萬元×1.25＝100萬元）	★★
30%（70萬元）	42% （70萬元×1.42＝100萬元）	★★★
40%（60萬元）	66% （60萬元×1.66＝100萬元）	★★★★
50%（50萬元）	100% （50萬元×2＝100萬元）	★★★★★

如何克服人性弱點，
嚴格執行停損？

　　每當幫投資人檢視持股時就會發現，許多賺錢的持股幾乎都已經獲利了結，留下來的盡是賠了幾年甚至幾十年的陳年老股，甚至是已下市的股票。對一般投資人而言，獲利賣出股票很簡單，但要將賠錢股票停損賣出則好像要了他的命。

　　什麼是停損？就是承認自己當初錯誤的決策，賣出手上虧損的部位。但光是要面對錯誤就已經讓人夠難受了，還要思考會不會賣完就漲？或者再等等，反彈一點就賣？還是應該加碼攤平？投資人在開始執行停損的初期，常常會碰到只要持股一賣掉、股價就反彈的窘境，這是因為停損都是在股價底部區，所以賣完就漲的機率相對高。這時通常會想：早知道就不要停損。股市裡有句名言：「一張不賣，奇蹟自來。」但要切記，這樣僥倖的心態只要遇到一次深度套牢的投資，想要逆轉勝把賠的錢賺回來的難度是倍增的。

　　建議投資人在買進每一檔個股時，應該先確立好目標，例如為什麼要買進這檔個股、買進目標是短線投資還是長期存股。如果是投資新手，最簡單的方法就是使用虧損幅度做設定，一

般來說，短線投資的停損點可以設定在虧損5%、7%、10%就停損出場，而長線投資可把停損幅度設定得更寬些，可能是15%，最多不宜超過20%。因為停損設定愈大，執行的難度就愈高。如果是已經具有投資經驗且會看技術型態的投資人，就可以用技術分析的方式設定停損點，例如跌破10日線、月線就停損。

當我們確實設立好所有期望的目標，接下來就是嚴格執行。但要克服心魔真正去執行並不容易，即便是股市老手都不一定做得到。因此，我分享幾個比較確實可行的停損方法：

一、階段式停損：在設定停損賣出時可以採取分段式停損，也就是一跌破停損價格的點位時，分批賣出持股。這個方法有兩個好處，第一，不是直接賣出全數個股，對投資人執行停損的心態相對輕鬆；其次，停損時如果短線有漲幅，還能平均停損價位。透過分階段執行，會比一次停損賣出相對容易。

二、互相幫忙：如果夫妻一起投資操作，比如說先生買進的標的由太太負責停損；由別人代為執行停損動作應該比較有機會能確實執行，當然價位得是買進時就設定好的，以免夫妻為了執行停損而鬧家庭革命。

三、軟體程式輔助：現在很多券商的下單系統都提供了設定停損單的功能，系統會依據投資人設定的條件自動執行。我認為這是最好用的停損方式。在下單時就按照原先規畫好的停損點進行設定，後續就不會受到其他因素干擾，操作上可以更有

紀律，有效克服執行停損時的人性弱點。

　　現在滿多券商的下單軟體都有提供停損單的功能，這種方式最能有效執行停損的操作，因為可以克服人性的弱點，像是「日盛證券SMART」App的停損單之有效期間最長可達三個月，設定之後就不需要天天盯盤。如果沒有軟體程式來輔助，那就要比較辛苦了，隨時留意手上持股的股價變化，是否已經快接近設定的停損點，然後自行下單來執行停損。

不與飆股擦身而過！如何緊抱個股賺取大波段行情？

　　曾經遇到一個投資人，他用200元的價格買了「宏達電」（2498）後一路抱到1,300元，然後又從千元高價一路抱到現今股價只剩30元。為什麼跌了那麼深還抱著？大多是因為漲勢時捨不得賣，每一個利多新聞就像蜜糖般緊裹著投資人的心，等到高點過後，心境上會覺得：1,300元都沒賣了，500元又怎麼可能賣？緊接著跌破買價且開始賠錢時，便意志消沉地任由股票放著。

　　但比起這類永不賣股、把股票當傳家寶的投資人，更多人是小賺一點就賣，賠錢的則慢慢等。根據統計，投資人賣掉賺錢的筆數是賣掉賠錢筆數的2.5倍，因此我們常聽到投資人說：「以前我也買過○○個股，但小賺一點就跑了，沒想到現在漲這麼多。」不管是哪一種持股方式，像這樣與一棟房子擦身而過的遺憾總是屢見不鮮。

　　投資人這種小賺就跑的心態，在投資行為學中可用「趨避損失」、「處置效應」來解讀。所謂「處置效應」，是指投資人常會抱著手上賠錢的股票，而賠錢的股票卻不願意賣出，因為

這是投資人會有的「趨避損失」心理傾向。研究發現，損失對心理帶來的衝擊程度是獲利的兩倍，為了趨避損失而做出不理性的投資動作，就是賣出賺錢股票而留下賠錢標的，這麼做當然無法賺到股價大漲的波動獲利。

如果不想錯失飆股、避免賣得太慢或太快，想要賺到股價波段大漲的行情，建議運用「移動式停利」這個方法來輔助，這個策略就是把停利價格隨股價上漲而動態調整。假設買進A股票的成本是100元，經過一段時間上漲至120元創下波段新高，已有20%獲利，考量到此時是否獲利賣出，還是認定股價會再續漲而抱著，這時就可以把停利點做調整。例如設定股價創高後，若有拉回下跌7%就停利出場，之後股價又向上衝高到140元時，移動式停利一樣是設定拉回7%、也就是跌破130.2元就停損出場。這樣隨著股價不斷上漲、停利點也跟著上調的方法，就是移動式停利。

移動式停利也能搭配前面提過的分階段停損賣股，例如將手中持股數分成三份分批賣出，一方面可以平衡均價，另方面當股價持續上漲時也能保有利潤，這對有賣股障礙的投資人來說是一個相對容易的方式。

移動式停利模式通常是設定股價創新高後拉回N%就停利出場，但很多投資人會疑惑這個數值N%要設定多少，3%、8%還是10%？數值設定太小，很容易觸發就停利出場，設定太大又會侵蝕獲利，所以這部分可用比較客觀的數據來設定。

以「日盛證券SMART」App為例，當中有一項滿實用的功

能是可以回測過去20天、40天、60天的區間，看出這檔股票在一段期間的回檔比率的幅度，投資人就可以依過去的慣性設定移動停利的幅度數值，如此會更客觀且準確。

舉例來說，如果在2020年9月24日以59元買進「日月光投控」（3711），軟體會根據過去資料做大數據分析，建議以4.3%作為拉回的停利點。隨後在股價上漲走勢一度創高拉回，但都沒有觸碰到拉回4.3%的設定值。一直到10月26日創新高來到67.5元股價，隨後下跌至64.5元，達到創新高拉回4.3%的停利設定而出場，波段獲利為9.3%（參圖81-1）。

如果手邊沒有軟體提供移動停利的參考值，有兩個簡單又實用的方法可以使用。第一就是自行設定停利比率，譬如已有30%的未實現獲利，希望最後出場至少能保有25%的獲利，就設定5%為移動停利的參考。當然這個數值可以靈活調整。假

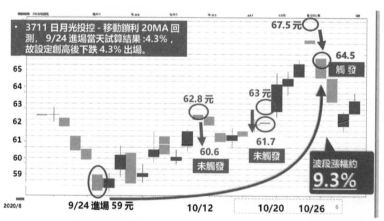

圖81-1　透過App操作賺取波段獲利　　　　　　　　　　圖片來源：日盛證券

設股價不斷創新高、已有50%的未實現獲利，原先設定的5%停利點可以再放大到7或10%，畢竟股價漲幅已大後，波動通常也會比較大，把停利點稍微放大可避免太容易就觸發出場。

另一個方法是採用均線作為參考。假設在2020年10月底以347元買進「國巨」（2327）股票後，股價就一路上漲，那麼可以設定10日均線作為停利出場點，沒有跌破前就是持股續抱，一直到12月中股價跌破10日均線的490.9元才停利出場。如果持股張數較多，假設手上握有十張國巨股票，可以更靈活地用分批出場的方式，像是跌破10日均線先獲利賣出五張，剩下的五張採取更長線的波段操作，用20或60日均線作為停利出場的參考點，這樣就更有機會參與到股價波段大漲的行情（參圖81-2）。

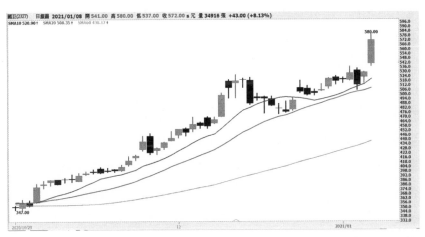

圖81-2　根據均線設定停利出場　　　　　　　　圖片來源：XQ全球贏家

82

投資人一窩蜂進入股市，如何避免羊群效應？

　　還記得許多年前的蛋塔效應，當時葡式蛋塔造成民眾搶購熱潮，蛋塔店如雨後春筍般一家接著一家開，從路邊攤開到專賣店、甚至便利商店也跟著賣。然而嘗鮮熱潮退散、民眾恢復理性後，就爆發一波接著一波的倒閉潮。又或者曾經引爆的衛生紙搶購風潮，消費者受到媒體和周邊效應的影響，盲目地搶購可能即將漲價的衛生紙。這種種現象反應出消費者的不理性行為，稱之為「羊群效應」，而這種從眾效應在股市上也是非常典型的行為金融學現象。

　　對投資人來說，未來投資市場的走向充滿著不確定性，對投資資訊又缺乏主觀意識，很容易因為周遭環境和新聞媒體的渲染而盲從追逐，這就是為什麼常看到某檔個股在盤中受消息面影響後而急漲急跌。就像2020年新冠肺炎的影響，市場引頸期盼的就是疫苗的誕生。2020年10月12日收盤後，東洋生技（4105）宣布獲得德國BioNTech（BNT）授權3,000萬劑疫苗，結果隔天股價應聲大漲了30％。但三天後又宣布談判破裂，股價受到消息面影響而重挫。

當股市出現這種羊群效應，就會造成股價暴漲暴跌。而金管會為了保障投資人權益，因應這種盤中訊息可能影響到股價波動，要求企業發布重大訊息前應暫停交易一日以上。但面對如此凶猛的從眾心態，許多個股在出現利多或利空消息時還是無法避免出現非理性漲跌。

　　畢竟大家都想買熱門或有話題的股票，也期待這種你買我買人人都買的力量能推升股價，讓投資人獲利。然而這種個股的漲勢往往來得快也去得快，一般投資人若無法及時判斷進出場點，不是套在高點就是來不及脫手，結果面臨股價慘跌。股市裡有句名言：「人多的地方不要去」，就是要我們避開做出羊群效應的投資行為。投資人會有從眾心理，就是因為對自己的投資操作沒信心，只能觀察相對多數人的投資操作來仿效，尤其當自己買進的股票未獲得市場的認同、找不到利多新聞，而且周遭朋友又看壞它，要繼續持有實在很難。

　　要克服羊群效應，最關鍵的就是保持獨立思考的判斷能力。買進個股之前預先做足相關研究，包括基本面的營運概況、技術面的型態等，接著擬定停損停利點，然後就照著規畫好的策略執行。剛開始或許很難不受影響，但試著了解自己每一次進出場的原因出場原因，經過一段時間後，相信一定能對自我的投資行為愈來愈有信心，就算突如其來的利多利空消息襲來，也能理性判讀資訊再做投資決策。

當擦鞋童效應出現時，
就是股市的高點？

　　每當股市來到高位階時，許多投資論壇或討論版若有新手發問買股的基礎問題，就會有大批網友開始哀號，難道股市高點來了嗎？擦鞋童理論出現了嗎？但什麼是「擦鞋童理論」呢？

　　這是從華爾街流傳出來一個關於股市現象的理論。擦鞋童指的是社會底層經濟較弱勢的人，沒什麼資金可投入股市，也不太會關心股市的漲跌。但如果有一天擦鞋童開始討論股票，還能報明牌，甚至洋洋自得地炫耀自己的投資績效，這時就要特別小心，因為資金最少的投資人都已經進入股市，現在進場可能就是最後一隻老鼠。當全市場的人都已經在股海裡，後續就很難有新資金買盤進入了，物極必反的情況下，股市可能就要反轉。

　　從過往的經驗來看，當身邊不曾買股票的朋友都躍躍欲試，又或者在外用餐時常聽到隔壁桌的人在討論股票，網路上與股市相關的討論區愈來愈多，每個人都想離職當全職投資人，彷彿全民都是股神的時代即將來臨，這很有可能就是股市過熱的訊號，所謂的擦鞋童將要出現。我們可以透過股市裡一些較為

客觀的訊息，觀察擦鞋童出現的警訊，進一步判斷股市是否已經過熱。

一、融資餘額：法人不能使用融資，只有一般投資人才能使用融資，所以當融資餘額不斷增加，就可以視為散戶有進場買股的跡象。如果融資餘額在一段期間增加的幅度超越大盤的漲幅，就是行情過熱的警訊。

二、開戶人數：證券開戶人數比往年增加許多，代表過去沒有投入股市的人現在要進場了，很符合擦鞋童的現象。如果股市又在相對高點，表示最後一隻老鼠就要來了。

三、散戶成交比重：從過往的平均水準來看，三大法人占台股每日的成交比重大約是30至40%，如果看到三大法人的成交比重下滑至30%以下，代表散戶成交比重提高，這時要小心籌碼面可能較凌亂，不利於股市再向上走高。

但擦鞋童出現，一定是股市高點嗎？2020年3月，台股因新冠肺炎影響跌落至8,523低點，接著短短三個月，不僅收斂跌幅還突破新高。而從3月開始，證券開戶數每月都創高，4月份出現了擦鞋童理論的聲音，但直到2020年12月，台股不跌反漲還不斷創下歷史新高點。如果是擦鞋童理論，都已經擦了近一年卻還沒反轉，難道這個說法被戳破了嗎？

其實擦鞋童理論出現時，並不會馬上反應在股市上造成大跌，畢竟多頭的行情是需要法人與散戶共同推升創造。就像

2020年台股突破歷史新高關卡，是在散戶投資信心提高加上外資熱錢行情所造就出來的。原則上觀察擦鞋童警訊時，可以配合技術面一併解讀，像是如果見到台股技術面出現爆大量的長黑K線，或是M型、尖頭等頭部型態，就要小心股市的泡沫要來了。

　　當然，我們不必太過擔憂擦鞋童是否要出現而害怕進場，只要做好投資規畫、停損停利設定好，不管股市的位階在哪裡都有投資機會浮現。

操作高價股的風險
一定比較大？

在為投資人做投資建議時，很多人會明確表達不喜歡買高價股，因為風險太高。散戶通常比較偏愛雞蛋水餃股更甚於獲利能力好的高價股，除了因為投資本金可能較少，他們大多認為高價股跳動一檔就是幾千甚至上萬元，波動較大且風險高。但其實每一檔台股的漲跌停上下限都是10%，何來高價股波動就會比較大的迷思呢？主要原因還是投資人眼中只有股價高低而沒有總市值的概念。

多數投資人認為，百元以上的高價股只要一根漲跌停就差了10元以上，而10元股票的上下波動最多僅差1元，相對較安全。事實上，買進一張股價100元的股票和買進十張股價10元的股票的總市值都是10萬元，面臨的風險波動是一樣的，如果要做到風險分散的投資布局，應該以總市值作為投資規畫。假設用300萬元資金平均分配地買入，應該是500元的A股票買兩張，100元的B股票買十張，10元的C股票買一百張，這樣三檔股票的總市值分別都是100萬元。

高價股之所以享有這麼高的價位，代表企業獲利及成長性都

受到市場認同，加上大多是法人或大資金的投資人在操作，從籌碼面來看是比較安定的。而低價股的股價會這麼低，多半因為獲利能力或產業前景並不是很好，且散戶參與度高，籌碼面比較凌亂。但經過許多統計資料顯示，高價股的下跌機率比低價股高出兩倍之多，主要原因如下：

一、高價股要繼續上漲的難度高，下跌的空間卻很大，就像1,000元的高價股要漲一倍到2,000元，和10元的低價股要漲一倍到20元，自然是低價股漲一倍相對容易。

二、如果遇到空頭行情或公司營運步入下滑，1,000元的高價股腰斬剩下500元或跌到只剩下100元的可能性，比10元低價股腰斬至5元或只剩下1元的機率高。

因此不管是高價股或低價股，都是有風險的，同樣要審慎做好投資規畫。

投資操作不順時，
怎麼調整最好？

　　德國證券教父科斯托蘭尼說過：「成功的投資者須具備四種要素：金錢、想法、耐心還有運氣。」運氣在投資上占了很重要的分量，雖然投資並不是投機，但投資路上一定會遇上低潮期，可能一買進就套牢、一停損賣出就反彈，好像怎麼買賣怎麼錯。

　　沒有人在投資道路上一帆風順，即便是厲害的投資大師都有操作不順的時候。我認為所謂成功的投資者，並不是操作的準確度多高或很少遇到挫折，關鍵在於懂得如何重新調整操作的節奏。很多人遇到投資失利時就會心情大亂，失去原有的理智，進而犯下更多錯誤，導致虧損擴大，這是非常要命的錯誤行為。

　　要做好投資靠的不是高IQ，而是要有高EQ和健康良好的心態，不因獲利就自信過頭而過度貪婪，也不因虧損而失去該有的理智。但畢竟人都有情緒，操作交易不順時，要讓心境不受投資虧損的影響，我認為以下是投資人可以採取的方式：

一、**停止或降低交易部位**：尤其當你面臨到連續性的虧損時，就要避險損失再擴大，這時可以試著休息一下暫停交易。這不是迷信，但在投資不順的時候，真的很容易懷疑自己是不是就是所謂的地獄倒楣鬼、市場反指標，這時暫停交易是最好的方式。或者可以降低投資金額，比如說平常投資金額約100萬元，這時可以降至50萬或30萬元，萬一又遇到虧損，至少金額不會那麼多，而如果做對了賺到錢，信心也能逐漸恢復。

二、**停損的股票不要再關注**：停損最讓人懊惱的事就是賣在谷底。操作不順時，就是這樣一停損賣出的股票就開始反彈，想到自己竟然以停損出場就更令人難過，這樣負面的情緒很容易影響到投資的決策，建議已經停損賣出的股票，短期間就不要關注它日後的走勢。但這並不是就不去面對自己錯誤的決策，在歷經錯誤的交易後還是應該審慎檢討。

三、**不要和股票談戀愛**：從哪裡跌倒就從哪裡爬起，有些人相當執著於某些股票，好像這輩子就只做這一檔，當然。如果挑對了一個超級長線成長的績優股自然是好事，但若挑到的股票是邁入衰退性的產業，卻還執著於要從這檔股票賺錢，無疑是緣木求魚。我常戲稱，做股票要花心一點，不要太專情，從A股票賺不到錢，還有其他許多好股票值得去布局。這也不是迷信，但或許就是和某些股票無緣，這時就要懂得放手，換股操作。

86

投資與投機只是一線之隔，其中界線要如何拿捏？

很多投資人認為，看好一家企業長期的發展，買進並長期持有來領取股息，這叫做「投資」；而依照技術面操作選股，或是做當沖、隔日沖等短線進出以賺取價差，這就叫做「投機」。這樣的想法並不完全正確。就像去賭場玩21點就是在賭博，也就是投機。但有些職業型玩家是會算牌的，他們靠著策略方法在進行21點的遊戲，反而能夠戰勝賭場、穩定獲利，我認為這反而要叫做投資。所以簡單區隔投資與投機的差別，即沒有策略方法、事前未做好功課就進場買股是投機；相對地，如果做好準備且事前已設定停損停利再進場操作，不論是做長線或短線，都可以稱做投資。

以下幾種行為是「投資人」要避免的，不要讓自己成為「投機人」：

一、孤注一擲：把所有資金一舉投入股市操作，這種賭身家買股票的方式就是投機。即便你是買所謂的績優好股票如台積電，難道台積電的股價未來一定漲而不會跌嗎？在股票市場，

沒有什麼事情是絕對的，記住投資一定有風險，千萬不要孤注一擲，讓自己面臨這麼大的風險，萬一投資失利，是會把所有的錢都賠光的，這是萬萬不得的行為。

二、借錢買股：有些人會拿房子抵押貸款、個人信貸、股票質借或融資來買股票，這種擴大信用槓桿的行為就是投機，想用借來的資金賺取更多獲利，就是一種貪婪的表現，反而會讓自己面臨更高的風險。做好穩健安全的投資，就是有多少錢可以運用就用這些錢來投資，記住要量力而為。

三、沒有規畫：有些人買股票從不做好功課，大多是聽來的明牌股，連公司是什麼產業都不知道，也沒事先想好萬一下跌到哪個價位就該停損出場，像這樣什麼規畫都沒有就買進股票的行為即是投機，和賭博沒兩樣。我認為，對於每一筆進場買賣股票的動作，只要自己都有經過事前的研究與規畫而去執行，無論買的是大型股或小型股、操作的週期是長線或短線，這是被認可的投資行為。

「凡事豫則立，不豫則廢。」在進場買股前做好完善的規畫，清楚知道自己為什麼要買進該股票，停損停利點也都預先設定好，而且面對的風險是可以承擔的，那麼你就是在投資。最重要的是，不要因為買股票而讓自己壓力太大，影響生活作息，要做個快樂的投資人。

87

雞蛋不要放在同一個籃子，
分散投資比較穩健嗎？

還記得2008年金融海嘯引發的導火線，就是具有150年歷史、美國前五大投資銀行、標準普爾將其債權評級為A+的雷曼兄弟倒閉了，股價從百元以上的高價股瞬間化為烏有。問題是，有誰想得到雷曼兄弟竟然會破產？這件事情告訴我們，在股票市場，風險隨時都在，沒有什麼投資是穩賺不賠的，這就是投資專家經常告誡「雞蛋不要放在同一個籃子」，資金一定要分散投資，才能有效降低風險。

但也有另外一派投資理論認為，把雞蛋放在太多不同的籃子裡，就沒辦法專心顧好每一個，終究還是會有虧損的部位，倒不如把集中起來放在一起。如果看對行情、押對股票，就能讓把獲利績效極大化。

所以在股市中投資，到底是要分布局還是集中獲利、重押單一個股？我想，過猶不及都不好，重押單一個股萬一遇到黑天鵝事件，那麼資產都將化為烏有；而過於分散布局、無法專心照顧每一檔股票，資金的運用效率就下降了。那麼到底該分散幾檔股票是比較好的？分散投資又該注意什麼重點？

持有幾檔股票是最好的其實沒有標準答案，但就實務上操作來說，我建議單一個股持有占總資金的比重不宜超過20％，至少要持有五檔左右的標的。因為萬一某檔股票不幸踩到地雷，損失總資金的20％還在可接受的範圍。想要穩健一點，可把持股數再擴大至十至十五檔。

　　很重要的一點是，同產業的個股不宜持有太多檔。舉例來說，假設持有十檔股票分散布局，但這十檔股票都是金融股，這樣就不算是分散投資了。回想一下，這幾年的低利率環境讓金融業不是太好，即便台股創下歷史新高，很多金融股的股價也還在低點漲不起來，握有這些金融股都沒賺到什麼錢，萬一接下來又有類似金融海嘯的黑天鵝事件，手上這十檔金融股面臨的風險將無法分散。所以分散股票投資時也要同時做到分散產業，像是分散資金投入半導體、塑化、紡織、金融等不同產業，不要在單一產業中布局太多檔個股。

要成為成功的投資人，須具備什麼特質？

　　每當在股市大多頭時，想要全職當專業投資人的股民就會如雨後春筍般出現。當然，很多人都期許自己能靠股市賺錢，然後達到財富自由，但等大盤來一波修正整理後，就會像巴菲特的股市名言：「海水退潮就知道誰沒穿褲子游泳。」

　　我們常說，在股市中，能長期穩定賺到錢的總是少數人，畢竟要成為專職投資人並不是這麼容易，要付出的努力與承擔的壓力非常大，以下幾點是我認為邁向成功的專職投資人必須具備的特質：

　　一、有耐心：投資是一輩子的事，不要想著一步登天，俗話說：「呷緊弄破碗，欲速則不達」，想要在短時間就賺到一大筆錢，往往只會賠更多。所以要有耐心地操作，設定的目標不是追求短線要賺多少，而是長期能穩定獲利。

　　二、逆向思考：不要輕易讓消息面主導你的操作，反而要懂得站在另一邊逆向思考。能在股市中賺錢的畢竟是少數，如果你和大部分的人做一樣的決策，長期下來賠錢的機會肯定比較

高。「別人恐懼時你要貪婪，別人貪婪時你要恐懼」，這句話講的就是這個道理。

三、從過去的錯誤中學習：沒有人天生就會做股票，而且每個人的投資盲點也不盡相同，要從過去錯誤的投資中學習到教訓，避免未來再犯下同樣的錯誤。

四、嚴守紀律：已經擬定好的投資計畫就要嚴格執行，除非發生意料之外的事，不然都要按照事前規畫好的策略確實操作。沒有紀律的投資人就像沒有方向盤的車子，又怎麼能安全地行駛到目的地？

當然，要具備這些特質與準則並不是輕易就能做到，需要有獨立思考的能力與決策的信心和勇氣。長時間下來累積足夠的交易經驗，才能一步步做到，此時離成功的投資人目標就近在咫尺了。

實戰智慧館 495

趨勢投資高手的88堂台股必修課

從觀念到分析，從選股術到心理戰，帶你買進利多大未來

作　　者 —— 胡毓棠

副 主 編 —— 陳懿文
封面設計 —— 王瓊瑤
內頁設計編排 —— 陳春惠
行銷企劃 —— 鍾曼靈
出版一部總編輯暨總監 —— 王明雪

發 行 人 —— 王榮文
出版發行 —— 遠流出版事業股份有限公司
　　　　　　104005台北市中山北路一段11號13樓
　　　　　　電話：（02）2571-0297　傳真：（02）2571-0197　郵撥：0189456-1
著作權顧問 —— 蕭雄淋律師

2021年2月1日　初版一刷
2023年9月5日　初版八刷
定價 —— 新台幣380元（缺頁或破損的書，請寄回更換）
有著作權‧侵害必究（Printed in Taiwan）
ISBN 978-957-32-8966-1

遠流博識網 http://www.ylib.com
E-mail:ylib@ylib.com
遠流粉絲團　https://www.facebook.com/ylibfans

國家圖書館出版品預行編目（CIP）資料

趨勢投資高手的 88 堂台股必修課：從觀念到分析，從選
　　股術到心理戰，帶你買進利多大未來 / 胡毓棠著 . -- 初
　　版 . -- 臺北市：遠流出版事業股份有限公司 , 2021.02
　　　面；　公分
ISBN 978-957-32-8966-1(平裝)

1. 股票投資　2. 投資技術　3. 投資分析

563.53　　　　　　　　　　　　　　109022356